AF186570

Tucholsky Wagner Zola Scott Sydow Freud Schlegel
Turgenev Fonatne Wallace
Twain Walther von der Vogelweide Fouqué Friedrich II. von Preußen
Weber Freiligrath Frey
Fechner Fichte Weiße Rose von Fallersleben Kant Ernst Richthofen Frommel
Hölderlin
Engels Fielding Eichendorff Tacitus Dumas
Fehrs Faber Flaubert Eliasberg Ebner Eschenbach
Feuerbach Maximilian I. von Habsburg Fock Eliot Zweig Vergil
Ewald
Goethe Elisabeth von Österreich London
Mendelssohn Balzac Shakespeare Dostojewski Ganghofer
Trackl Lichtenberg Rathenau Doyle Gjellerup
Mommsen Stevenson Tolstoi Hambruch Droste-Hülshoff
Thoma Lenz Hanrieder
Dach Verne von Arnim Hägele Hauff Humboldt
Karrillon Reuter Rousseau Hagen Hauptmann Gautier
Garschin
Damaschke Defoe Hebbel Baudelaire
Descartes Hegel Kussmaul Herder
Wolfram von Eschenbach Dickens Schopenhauer Rilke George
Bronner Darwin Melville Grimm Jerome Bebel Proust
Campe Horváth Aristoteles
Bismarck Vigny Barlach Voltaire Federer Herodot
Gengenbach Heine
Storm Casanova Tersteegen Grillparzer Georgy
Chamberlain Lessing Langbein Gilm Gryphius
Brentano Claudius Schiller Lafontaine
Strachwitz Bellamy Schilling Kralik Iffland Sokrates
Katharina II. von Rußland Gerstäcker Raabe Gibbon Tschechow
Löns Hesse Hoffmann Gogol Wilde Vulpius
Luther Heym Hofmannsthal Klee Hölty Morgenstern Gleim
Roth Heyse Klopstock Kleist Goedicke
Luxemburg Puschkin Homer Mörike Musil
Machiavelli La Roche Horaz
Navarra Aurel Musset Kierkegaard Kraft Kraus
Nestroy Marie de France Lamprecht Kind Kirchhoff Hugo Moltke
Laotse Ipsen Liebknecht
Nietzsche Nansen Ringelnatz
Marx Lassalle Gorki Klett Leibniz
von Ossietzky May vom Stein Lawrence Irving
Petalozzi Knigge
Platon Kafka
Sachs Poe Pückler Michelangelo Kock
Liebermann Korolenko
de Sade Praetorius Mistral Zetkin

Der Verlag tredition aus Hamburg veröffentlicht in der Reihe **TREDITION CLASSICS** Werke aus mehr als zwei Jahrtausenden. Diese waren zu einem Großteil vergriffen oder nur noch antiquarisch erhältlich.

Symbolfigur für **TREDITION CLASSICS** ist Johannes Gutenberg (1400 — 1468), der Erfinder des Buchdrucks mit Metalllettern und der Druckerpresse.

Mit der Buchreihe **TREDITION CLASSICS** verfolgt tredition das Ziel, tausende Klassiker der Weltliteratur verschiedener Sprachen wieder als gedruckte Bücher aufzulegen – und das weltweit!

Die Buchreihe dient zur Bewahrung der Literatur und Förderung der Kultur. Sie trägt so dazu bei, dass viele tausend Werke nicht in Vergessenheit geraten.

Kleine Porträtgalerie

Fünf Essays

Egon Friedell

Impressum

Autor: Egon Friedell
Umschlagkonzept: toepferschumann, Berlin

Verlag: tradition GmbH, Hamburg
ISBN: 978-3-8424-8978-3
Printed in Germany

Novalis

Friedrich von Hardenberg, der als Künstler Novalis hieß, darf als einer der allercharakteristischsten Repräsentanten seiner Zeit gelten. Seine Philosophie tritt erst in ihre volle Beleuchtung, wenn sie als Extrakt und Type ihres Zeitalters verstanden wird. Wir müssen daher zunächst versuchen, uns diese Periode in ihren allgemeinsten historischen Zügen kurz zu vergegenwärtigen.

Die politischen und religiösen Zustände

Hardenbergs Leben umfaßt die drei letzten Jahrzehnte des achtzehnten Jahrhunderts: die Zeit der großen Revolutionen. Auf den nordamerikanischen Freiheitskrieg und die Gründung der Vereinigten Staaten war die Französische Revolution gefolgt, die durch die imposante Ferozität der Instinkte, die hier frei wurden, Europa ein blendendes Schauspiel bot. Indessen hat die Französische Revolution auf Deutschland im ganzen nicht günstig gewirkt: ihre Haupterzeugnisse auf deutschem Boden waren Schwärmerei und Reaktion.

Auch in Preußen, dem Vaterlande und vorwiegenden Aufenthalte Hardenbergs, lagen die politischen Zustände nicht günstiger als anderswo. Kein Land ruhte mehr auf der Persönlichkeit seines Monarchen als Preußen. Auf die glänzende friderizianische Ära war die Regierung Friedrich Wilhelms II. gefolgt, der in allem das Gegenbild seines großen Oheims war. Er war kein böser Mensch, auch nicht unbegabt, aber überaus leichtfertig und genußsüchtig, energielos und bequem, jeder momentanen Impression bereitwillig zugänglich, der richtige Gefühlsmensch am Ende des achtzehnten Jahrhunderts. Seine persönlichen Verhältnisse waren ungeordnet, das Hofleben frivol und ausschweifend, er selbst dem schönen Geschlecht mehr zugetan, als es sich mit seinen strenggläubigen Tendenzen vertrug. Nichts glückte ihm: notwendige militärische und administrative Reformen unterblieben entweder ganz oder gelangten nur sehr unvollkommen zur Ausführung; um der überhandnehmenden Freigeisterei zu steuern, erließ er eine Reihe von Religions- und Zensuredikten, die aber nur einen unverständigen Glaubenszwang einführten und die Sache vollends verdarben. Sein Hang zur Romantik und zum Mystizismus führte ihn dem Obskurantismus und dem Schwindel in die Arme, er fand bald in dem gewissenlosen Wöllner seinen Tartüff und in dem geriebenen Bischofswerder seinen Cagliostro. Dieser gewann ihn für den berühmten Rosenkreuzerorden, der damals in voller Blüte stand und Zauberei, Alchimie und Geisterbeschwörung mit großer Geschicklichkeit betrieb. Der magische Humbug, der in der damaligen Zeit ein wirksames Mittel des Seelenfangs war, hat in Schillers »*Geisterseher*« eine meisterhafte Darstellung gefunden, die heute noch die Leser auch lebhafteste zu spannen vermag.

Friedrich Wilhelm III., der 1798 in der Regierung folgte, war kaum besser als sein Vorgänger. War dieser oberflächlich gewesen, so war jener seicht; wußte dieser nie recht, was er wollte, so wollte jener überhaupt nichts Rechtes. Sympathisch an ihm war nichts als eine gewisse bourgeoise Anständigkeit und Jovialität und seine schöne und liebenswürdige junge Gattin: im übrigen war er trocken, ohne Schwung, ohne Eigenart, ein durch und durch halber Mensch, der in nichts Persönlichkeit zu legen verstand.

Unter solchen Herrschern geschah nichts, um Preußen auf seiner mühsam errungenen Höhe zu halten: die inneren Mißstände wuchsen, während der Staat nach außen immer mehr das Ansehen einer Großmacht verlor; im religiösen Leben hielten blinde Dunkelmännerei und zügellose Freigeisterei sich die Waage, Staat und Kirche waren zum toten Mechanismus herabgesunken, um den man sich nur noch pflichtmäßig kümmerte.

Die gesellschaftlichen Zustände

Das öffentliche Leben war ein Spiegelbild des Hofs: die Frivolität nahm allerorten zu, mit dem übermäßigen und übernatürlichen Bildungstrieb ging eine allgemeine Verflachung und Veräußerlichung der geistigen Bedürfnisse Hand in Hand. Vielleserei und gedankenlose Beherrschung der Modeschlagworte schien bald wichtiger als Durchdringung des geistigen Gehalts der Zeit. Über die innere Leere mußte witzelndes Geschwätz hinweghelfen: Affektation und Selbstgefälligkeit wurden die Triebfedern der öffentlichen Bildung, und als der Geistreichste galt der, welcher über die meisten Dinge spöttisch und verächtlich zu reden wußte. Diesen Geist der Zersetzung und der Oberflächlichkeit hat Fichte in seinen

»*Grundzügen des gegenwärtigen Zeitalters*« in harter, aber wohlverdienter Weise gekennzeichnet, der religiösen Aufklärerei und dem Demokratismus ist Novalis in seinen Schriften »*Die Christenheit oder Europa*« und »*Glaube und Liebe*« entgegengetreten.

Das geistige Leben

Aus der Unerquicklichkeit und Trostlosigkeit der politischen, religiösen und gesellschaftlichen Zustände erklärt sich der merkwürdige Charakter des damaligen Geisteslebens. Das öffentliche Leben konnte den geistigen Potenzen der Zeit keine Nahrung und kein Arbeitsfeld bieten. Die Folge war daher bei den hervorragenden geistigen Kapazitäten eine lebhafte und bewußte Abkehr von der Außenwelt und eine liebevolle und tiefe Versenkung in das Innenleben: dies wird die Parole des Zeitalters. Hier finden so ausgezeichnete und singuläre Erscheinungen wie Schleiermacher und Hölderlin ihre Erklärung; von hier nahm das Denken Goethes und Fichtes seine merkwürdige Richtung; hier wurzelt auch die Dichtung und Philosophie der Romantiker, an deren Spitze Novalis steht.

So kommt es, daß in dieser Zeit Deutschland einen außerordentlichen politischen Tiefstand und zugleich den Höhepunkt seines geistigen Lebens erreicht hat, einen Höhepunkt, wie man ihn bisher nicht erlebt hatte und der auch seitdem nicht mehr wiedergekommen ist. Damals konzipierten Kant und Fichte ihre tiefsinnigen Philosopheme, dichteten Goethe und Schiller ihre vollendetsten Dramen und machten die Brüder Humboldt ihre folgenschweren wissenschaftlichen Entdeckungen. Um diese Männer bildete sich ein fast unübersehbarer Kreis von originellen und fruchtbaren Begabungen, die auf allen Gebieten, in Dichtung und Philosophie, in Medizin und Naturwissenschaft, in Geschichtschreibung und Philologie das Fundament zu den nachhaltigsten geistigen Bewegungen gelegt haben.

Die eindrucksvollsten Figuren, die Goethe in jener Zeit geschaffen hat, sind der *Faust* und der *Werther*. Vergegenwärtigen wir uns den Faust, wie er uns im ersten Teil entgegentritt, voll Welt- und Tatendurst und dabei doch stets den Blick nach innen gerichtet, von einem tiefen Drange beseelt, das Rätsel von Ich und Welt zu lösen, und von einem gleich heftigen Triebe ergriffen, in dieser Welt zu wirken und zu leben: so erscheint vor uns das Bild *Fichtes*. Lesen wir die Geschichte Werthers und sehen wir, wie sein Geist, bald feurig überwallend, bald in tiefe Schwermut versinkend, ziel- und bodenlos umherirrt, dabei stets erfüllt und bewegt von einer Liebe, die sein Schicksal wird: so erinnern wir uns unwillkürlich an *Novalis*.

Die Zeitphilosophie

Die Periode von 1770–1800 hat sich in Novalis ein doppeltes Denkmal errichtet: seine politischen und religiösen Gedanken sind gleichsam der Negativabdruck, seine philosophischen Ideen der Positivabdruck des Zeitalters; dort hat er gezeigt, was seine Zeit *nicht* war, hier, was sie war. Die Philosophie Hardenbergs ist der Fokus der zeitgenössischen Philosophie, in dem alle Richtungen sich treffen und vereinigen.

Es sind drei Probleme, von denen die Philosophie der Zeit bewegt wird: das Problem der Welt, das Problem Gottes und das Problem des Menschen. Die Welt ist eine Tatsache der Erkenntnis, Gott ist eine Tatsache des Glaubens, der Mensch ist eine Tatsache der Geschichte. Die Philosophie gliedert sich daher in *Erkenntnisphilosophie*, *Glaubensphilosophie* und *Geschichtsphilosophie*.

Die epochemachende erkenntnisphilosophische Entdeckung der Zeit ist die Kantische: das gesamte Weltbild ist nichts anderes als ein Produkt der menschlichen Organisation. Wenn wir unsere Erkenntnis erkannt haben, haben wir die Welt erkannt. Unter diesem Gesichtspunkt ist die Erkenntnistheorie gleich der *Metaphysik*.

Es liegt in der Natur jedes kritischen Verfahrens, daß es sein Objekt analysiert, d.h. auflöst. Es ist aber im Wesen des menschlichen Geistes tief begründet, daß er einen unwiderstehlichen Hang zum Positiven besitzt. Für die negativen Ergebnisse, die eine kritisch gerichtete Philosophie zutage fördert, gibt es nur ein Äquivalent: den Glauben. In dieser Richtung greift die Gruppe der Glaubensphilosophen ergänzend ein: sie führt ihre Untersuchung aus dem grellen Lichte der Vernunftkritik in die geheimnisvolle Dunkelkammer des Gemüts und gründet darauf eine Gefühlsphilosophie, welche Sittlichkeit und Religiosität auf die gemeinsame Wurzel des ursprünglichen moralischen Bewußtseins zurückleitet und daher mit der *Ethik* zusammenfällt.

Es liegt endlich drittens fast immer im Wesen der Kunst, daß sie Beziehungen zur Vergangenheit sucht, geschichtliche Verwandtschaften und Gegensätze aufgreift und an diesen ihre Schöpfungen entwickelt. So besteht schon eine natürliche Verwandtschaft zwischen Kunst und Historie, zwischen Ästhetik und Geschichtswissenschaft. Diese Einsicht ist niemals vollständiger ergriffen und lebendiger gestaltet worden als am Ende des achtzehnten Jahrhunderts: die Kunst will im historischen Geiste erfaßt sein und die Geschichte muß wie ein Kunstwerk betrachtet werden. Im Bewußtsein dieser Zeit bildet daher die Geschichtsphilosophie mit der *Ästhetik* einen Begriff.

Für den allgemeinen Überblick gliedert sich daher das Gesamtgebäude der Zeitphilosophie in drei Haupttrakte:

1. Erkenntnisphilosophie (Metaphysik),
2. Glaubensphilosophie (Ethik),
3. Geschichtsphilosophie (Ästhetik).

Jede dieser drei Grundrichtungen durchmißt in den drei letzten Jahrzehnten des achtzehnten Jahrhunderts *drei Etappen*. Die drei Stufen, in denen sich die Erkenntnisphilosophie entwickelt, sind *Kants* Vernunftkritik, *Fichtes* Wissenschaftslehre und *Schellings* Naturphilosophie; die drei Stationen der Glaubensphilosophie sind verkörpert durch *Hamann, Jacobi* und *Schleiermacher;* die drei Männer, in denen sich die Geschichtsphilosophie schrittweise ausprägt, sind die Klassiker *Lessing, Herder* und *Schiller.*

In derselben Zeit sind die drei berühmtesten deutschen Dramen entstanden: Lessings »Nathan«, Goethes »Faust« und Schillers »Wallenstein«. Sie offenbaren zugleich den philosophischen Extrakt des Zeitalters: der »Nathan« umfaßt die Summe der Lessingschen *Glaubensphilosophie,* der »Faust« führt uns in die Tiefen der *metaphysischen Spekulation,* und der »Wallenstein« enthält den Kern der Schillerschen *Geschichtsphilosophie.*

Leben und Persönlichkeit

Hardenbergs Wort: »Was bildet den Menschen, als seine Lebensgeschichte?« findet auf ihn selbst die vollste Anwendung. Jedes Erlebnis wurde bei ihm *Charakter,* und seine Philosophie ist nichts als die tiefsinnige und poetische Form, in die er seine Schicksale gebracht hat. Sein Leben floß äußerlich ziemlich ruhig dahin: etwas »Besonderes« ist ihm nie widerfahren, aber dennoch kann man sagen, daß vielleicht wenig Menschen in einem kurzen Dasein mehr erlebt haben als Novalis. Etwas erleben ist eben auch Sache einer eigenen Kunst, und Novalis hat diese Kunst verstanden wie nicht viele.

Es ist hier nicht der Ort, um auf die schöne Biographie des Dichters näher einzugehen: wir heben daher nur jene Momente aus seiner Lebensgeschichte hervor, die für die Entwicklung seiner Weltanschauung und die Bildung seines Gemüts von besonderer Bedeutung waren.

Jena

Wir übergehen Hardenbergs Jugendgeschichte, die ihm keine nennenswerten Geisteseindrücke gebracht hat. Das erste große innere Erlebnis war seine Übersiedlung nach Jena und die Bekanntschaft mit *Schiller,* der dort als bereits gefeierter Dichter und Lehrer der Hochschule wirkte. Die zündende Persönlichkeit des genialen und temperamentvollen Mannes eroberte den jungen Studiosus, der damals schon dichterische Anlagen in sich fühlte. Wir besitzen einen Brief Hardenbergs an Reinhold, der uns den jugendlichen Überschwang, mit dem Novalis sich für Schiller begeisterte, sehr lebendig schildert: »Ach! wenn ich nur Schillern nenne, welches Heer von Empfindungen lebt in mir auf; wie mannigfaltig und reiche Züge versammeln sich zu dem einzigen, entzückenden Bilde Schillers... der mehr ist als Millionen Alltagsmenschen, der den begierdelosen Wesen, die wir Geister nennen, den Wunsch abnötigen könnte, Sterbliche zu werden, dessen Seele die Natur con amore gebildet zu haben scheint, dessen sittliche Größe und Schönheit allein eine Welt, deren Bewohner er wäre, vom verdienten Untergange retten könnte,...« Und am Schlusse des Dithyrambus setzt Novalis hinzu: »Stolzer schlägt mir mein Herz, denn dieser Mann ist ein Deutscher; ich kannte ihn und er war mein Freund.« – Indes war Schiller nicht der Mann, um seine Schüler bloß zu phantastischem Schönreden zu begeistern, er hatte es am eigenen Leibe erfahren, daß nur strenge geistige Selbstzucht und ernste Charakterbildung den Dichter machen können: Schillers Einfluß hatte es Novalis hauptsächlich zu danken, daß er sich einer geordneten wissenschaftlichen Tätigkeit und einem geregelten Geistesleben zuwandte.

Durch den liebenswürdigen Reinhold wurde Novalis in die Kantische Philosophie eingeführt, und von da aus fand er den Eingang zu Fichte, der sein Denken aufs nachhaltigste bestimmt hat.

Sophie von Kühn

Das Zentralereignis in Hardenbergs Leben ist seine Liebe zu Sophie von Kühn. Als er Sophie kennenlernte, war sie ein halbes Kind (nach Tieck und Just dreizehn, nach Haym zwölf Jahre alt), zweieinhalb Jahre später starb sie. Über keinen Punkt der Novalisbiographie ist mehr geschrieben worden als über die Geschichte dieser Liebe. Tieck hat das Ganze wie ein lyrisches Gedicht behandelt, Heilborn hat alle Illusionen durch strenge historische Forschungen zerstören wollen, Bölsche hat die Poesie der Sache auf dem Wege vernünftiger psychologischer Erwägung wiederherzustellen versucht.

Indes dürfte es von nicht allzu großer Wichtigkeit sein, ob Sophie der Engel war, als den Tieck sie schildert, oder die unbedeutende Landpomeranze, die Heilborn aus ihr machen will. Denn zu dem, was sie Novalis war, konnten Sophie niemals ihre eigenen äußeren und inneren Vorzüge machen, sondern nur die Liebe eines Dichters. In Sophie liebte Novalis *sich selbst,* seine eigene Gefühlswelt, seinen poetischen Geist. Die Größe und Schönheit der Empfindung, die er, ein Dichter, in diese Liebe zu legen vermochte, gab ihm Sophiens Bild getreulich zurück. Auf solche Dichterliebe paßt wahrlich der Fichtesche Satz vom Nicht-Ich, das von unserer bewußtlosen Einbildungskraft erzeugt wird und das uns, wenn wir es gewahr werden, wie ein losgelöstes Objekt, wie eine selbständige Erscheinung gegenüberzustehen scheint. Für Novalis war seine Sophie ein solches Nicht-Ich: *diese* Sophie, die er liebte, war er selbst, war sein Produkt, nur wußte er es nicht.

Als sie starb, wurde sie immer mehr ein bloßes Bild seines Dichtergeistes. Nun hemmte keine irdische Schranke mehr seine Phantasie. Sie wurde der Gegenstand seines Kults, seiner Frömmigkeit. »Ich habe zu Sophie Religion, nicht Liebe.« Damals faßte er den Entschluß, ihr nachzusterben, sich durch freiwilligen Tod mit ihr zu vereinigen. Aber er dachte dabei an keinen gewöhnlichen Selbstmord, nur an die Kraft des Geistes: der innige Wunsch und die lebhafte Einbildung sollten dies bewirken. Diese höchst sonderbare Idee, an die er fest glaubte und über die uns seine Tagebuchblätter einen rührenden Aufschluß geben, hängt aufs engste mit seinen philosophischen Grundansichten, besonders mit seiner Lehre vom *magischen Idealismus* zusammen. Sein Tod sollte Beweis seines Gefühls für das Höchste, »ächte Aufopferung, nicht Flucht, nicht Nothmittel« sein. »Wie ein fröhlicher junger Dichter will ich sterben.«

Indes war seine Stunde noch nicht gekommen. Die Idee der Abkehr vom Leben trat zurück, und bald hatte die Erde ihn wieder.

Der romantische Kreis

Novalis trat ziemlich früh in den romantischen Kreis. Hier hat er seine beiden vertrautesten Freunde gefunden: zuerst Friedrich Schlegel, später Ludwig Tieck.

Man kann sich kaum zwei größere Gegensätze denken als Novalis und Friedrich Schlegel: Novalis schwärmerisch und nach innen gekehrt, sanft und liebenswürdig, naiv und gesellig; Friedrich ein wetterwendischer Brausekopf, geistreich bis zur Paradoxie und Spitzfindigkeit, agil und agitatorisch, ungemein selbstbewußt und ein stets kampfbereiter Krakeeler. Diese Charakterverschiedenheit hat sich in nichts anschaulicher ausgeprägt als in den Liebesverhältnissen der beiden Männer: Schlegel, der sich mit selbstgefälligem Zynismus in eine sinnliche Leidenschaft stürzt, die er allsogleich literarisch ausbeutet, und Novalis, der seine Verehrung für ein anmutiges Kind in die höchste poetische und religiöse Anschauung verflüchtigt. Trotzdem aber haben beide doch viel voneinander gehabt, und es würde nicht schwerfallen, im einzelnen den Nachweis zu liefern, daß sie sich gegenseitig in der fruchtbarsten Weise angeregt und gefördert haben. Ein Streit darüber, wer von beiden etwa mehr der Gebende und welcher mehr der Nehmende war, ist müßig.

Ganz anders verhielt es sich, als Novalis den jungen Tieck kennenlernte. Hier fanden sich zwei ganz verwandte Naturen, die völlig ineinander aufgingen und sich einander rückhaltslos hingaben. Sie kamen sogleich am ersten Abend auf Du und Novalis schrieb: »Deine Freundschaft hebt ein neues Buch in meinem Leben an.«

Zwischen geistig regsamen und empfänglichen Männern ist eine zweifache Art der Freundschaftsbeziehung möglich. Es kann eine Verbindung bestehen, die auf einer wirklichen und tiefgreifenden Übereinstimmung der Gesamtpersönlichkeiten beruht, eine geheime und dunkle Sympathie, die die Seelen gleichsam unterirdisch verbindet und die sich nicht völlig analysieren und begründen läßt, ein Band, das nicht nur die Geister, sondern viel mehr noch die Charaktere aneinanderzieht, und das weniger vom Verstand als vom Willen und vom Gemüt geknüpft wurde – mit einem Wort eine Herzensfreundschaft. Es kann sich aber auch bloß um eine Berührung der Intelligenz und Bildung handeln, es kann auch hier ein sehr freundschaftlicher und nutzbringender Verkehr entstehen, aber es ist klar, daß eine solche Freundschaft auf ganz andern Füßen stehen wird. Denn im Grunde sind es nur Aphorismen, die gewechselt, Kolloquien, die abgehalten werden, und der Charakter einer solchen Beziehung ist daher vorwiegend konversationell, dialogisch, dialektisch. Eine Freundschaft der ersten Art wird vor Störungen gesicherter sein, denn innerhalb gleichgestimmter Seelen und Charaktere gibt es keine Rangordnung, während der Verstand, die Bildung und die Fähigkeiten der Menschen sich immer in einem Abstufungsverhältnisse befinden und nie auf gleicher Höhe stehen. Daß Novalis und Tieck in einer Beziehung der ersten Art standen, hat ihre Freundschaft so bedeutsam und wohltätig gemacht; daß Friedrich Schlegel nicht fähig war, ebenso zu empfinden, war sein Fehler, und vielleicht sein größter. Er besaß nicht die unwiderstehliche Dialektik Schleiermachers, die unergründliche Gedankentiefe Hardenbergs, die unerschöpfliche Phantasie Tiecks. Aber er besaß von alledem etwas und dazu die größte geistige Beweglichkeit und Anpassungsfähigkeit, und er wäre daher wie kein zweiter berufen gewesen, zwischen so starken, aber einseitigen Talenten zu vermitteln. Er hat es auch in seiner Art versucht: daß es ihm nicht so völlig und glänzend gelungen ist, als es ihm hätte gelingen können, daran war zuallererst seine verstandesmäßige Auffassung der Freundschaft schuld. Er vergaß immer und immer wieder, daß die Freundschaft kein Komparativbegriff ist, er konnte es nicht lassen, überall Rivalitätsverhältnisse zu sehen: zwischen sich und Tieck, zwischen Tieck und Novalis, zwischen sich und Schleiermacher usf. Die Rivalität erzeugt Selbstsucht und Mißgunst und zerstört das reine Zusammenwirken.

Bergbau

Die geologischen Studien in Freiberg und die Tätigkeit an der Weißenfelser Salinendirektion haben Novalis zum Naturphilosophen gemacht. Wie überall, so empfand er auch hier die Poesie seiner Umgebung. Die Oryktognosie war für ihn sowenig wie für Goethe eine trockene Laboratoriumsarbeit, seine Anstellung bei den Salinen war ihm mehr als ein staatliches Administrationsamt. Im »*Heinrich von Ofterdingen*« läßt er den Alten, der in den Bergen haust, um der Natur recht nahe zu sein, warme Worte über den Bergbau sprechen: »Der Bergbau muß von Gott gesegnet werden! Denn es giebt keine Kunst, die ihre Theilhaber glücklicher und edler machte, die mehr den Glauben an eine himmlische Weisheit und Fügung erweckte und die Unschuld und die Kindlichkeit des Herzens reiner erhielte, als der Bergbau.« Werner, damals eine der ersten Kapazitäten seines Fachs, war ihm das vollkommene Vorbild eines echten Naturforschers. »In große bunte Bilder drängten sich die Wahrnehmungen seiner Sinne: er hörte, sah, tastete und dachte zugleich... er spielte mit den Kräften und Erscheinungen, er wußte, wo und wie er dies und jenes finden konnte.«

Lebensverhältnisse

Hardenbergs äußere Verhältnisse waren die denkbar glücklichsten, und nur so war es möglich, daß sein Denken die Züge einer schönen Harmonie trug, während ein abenteuerndes, unsicheres Leben seinem Wesen, das einen Zug ins Problematische hatte, leicht hätte gefährlich werden können. Die »*Fragmente*« enthalten eine Notiz, die sich zweifellos auf sein eigenes Leben bezieht: »Was fehlt Einem, wenn man brave, rechtliche Aeltern, achtungs- und liebenswerthe Freunde, geistvolle und mannichfache Bekannte, einen unbescholtenen Ruf, eine gefällige Gestalt, conventionelle Lebensart, einen meistens gesunden Körper, angemessene Beschäftigungen, angenehme und nützliche Fertigkeiten, eine heitere Seele, ein mäßiges Auskommen, mannichfaltige Schönheiten der Natur und Kunst um sich her, ein im Ganzen zufriedenes Gewissen – und entweder die Liebe, die Welt und das Familienleben noch vor sich oder die Liebe neben sich, die Welt hinter sich und eine gut gerathene Familie um sich hat? – Ich dächte, dort nichts als fleißigen Muth und geduldiges Vertrauen – hier nichts als Glauben und ein freundlicher Tod.«

Persönlichkeit

Versuchen wir uns Hardenbergs Persönlichkeit zu vergegenwärtigen, wie sie uns aus seinen Erlebnissen sowie aus seinen Tagebüchern und Briefen entgegentritt, so merken wir als einen der stärksten und auffallendsten Züge eine seltsame Mischung von Heiterkeit und Tiefsinn: auf der einen Seite ein sonnenklares, serenes Wesen, eine frohe Lebenszuversicht, ein unerschütterlicher Optimismus und Glaube an die Schönheit, Güte und Glücklichkeit des Universums; auf der andern Seite ein selbstquälerischer und schwermütiger Zug, eine wehmütige Sehnsucht nach dem Vergehen, eine mystisch-asketische Liebe zu Krankheit, Tod und den finstern Mächten des Daseins. Diese beiden heterogenen Elemente lagen indes in Hardenbergs Gemüt nicht nebeneinander, sie haben eine untrennbare Verbindung eingegangen, die sich am vollsten in seinen schönsten Gedichten, den »*Geistlichen Liedern*«, ausprägt und die das Allercharakteristischste an ihm ist. Er wird hierdurch zum Vertreter eines ganz eigenartigen und seltenen Mystizismus, der gar nichts Grüblerisches und Dumpfes an sich hat, wie der mittelalterliche, ja kaum etwas Tragisches: man könnte ihn im Gegensatz zu der landläufigen Form der Mystik einen naiven oder idyllischen Mystizismus nennen.

Im Umgang muß er einer der liebenswürdigsten und gewinnendsten Menschen gewesen sein, und wir haben schon gesehen, ein wie vorteilhaftes Gegenstück er zu seinem Freunde Friedrich Schlegel abgab. Tieck schreibt von ihm, seine Virtuosität in der Kunst des Umganges sei so groß gewesen, daß geringere Köpfe es niemals wahrgenommen hätten, wie sehr er sie übersah. Das ist wohl das höchste Lob, das man dem Takt und der Umgänglichkeit eines Menschen ausstellen kann. Alles in allem genommen ist er eine der sympathischsten Figuren der deutschen Literatur, in seiner anspruchslosen, hingebenden, durchaus jugendlichen Art am ehesten dem gleichfalls frühverstorbenen Hauff zu vergleichen, den er freilich an Tiefsinn unendlich übertraf.

Die Schriften philosophischen Inhalts

Hardenbergs Produktion war zwischen philosophischen und dichterischen Arbeiten geteilt, doch lagen beide Tätigkeiten nicht etwa (wie dies bei den meisten Dichterphilosophen der Fall war) ziemlich getrennt nebeneinander, sondern seine Tendenz ging im Gegenteil auf eine völlige Vereinigung von Poesie und Philosophie; daher tragen auch seine Dichtungen vielfach einen philosophischen Charakter, wie der unvollendete Roman »*Heinrich von Ofterdingen*«. Doch sind nur die einzeln verstreuten Gedanken und Bemerkungen, die dieser Roman enthält, von größerer philosophischer Bedeutung; dagegen darf man sich nicht verhehlen, daß der Roman als Ganzes undurchsichtig komponiert ist, im Mystischen und Symbolischen erstickt und daher in der vorliegenden Fassung nicht nur äußerlich, sondern auch innerlich ein Torso geblieben ist.

Durchaus philosophischen Charakters sind die beiden Essays »*Die Christenheit oder Europa*« und »*Glaube und Liebe*«; ebenso sind »*Die Lehrlinge von Saïs*«, die öfters als Novellenfragment aufgefaßt werden, das Bruchstück einer naturphilosophischen Abhandlung in novellistischer Form.

Die Hauptquelle für die Kenntnis der Philosophie Hardenbergs sind die »*Fragmente*«, eine umfangsreiche Aphorismensammlung, welche bunt aneinandergereihte Gedanken über philosophische und wissenschaftliche Themen umfaßt. Ein Teil davon ist im Athenäum unter dem Titel »*Blüthenstaub*« erschienen. Das Ganze sollte vermutlich als Material zu einem Werk dienen, das Novalis mehrfach »Die Encyklopädie« nennt; es ist anzunehmen, daß der Dichter die aphoristische Form beibehalten wollte und seine Hauptaufgabe in der Anordnung, Sichtung und Ergänzung des Stoffs erblickt hätte.

Der Charakter der philosophischen Darstellung

Die Art, wie Novalis philosophierte, paßt durchaus nicht in die Schablone der damaligen Zeit. Ihm war das Philosophieren nicht bloß eine wissenschaftliche Tätigkeit, sondern ebensosehr und in noch weit höherem Maße eine lebendige Kunstübung. Seine Gedanken sind Stimmungen, innere Erlebnisse, problematisch in Form und Inhalt und nur durch die Einheit seiner künstlerischen Individualität verknüpft.

Die fragmentarische Darstellung war nicht die von ihm aus irgendwelchen äußeren Gründen oder aus Bequemlichkeit ergriffene Form, es war die seinem impulsiven, impressionabeln Wesen durchaus angemessene und einzig organische Ausdrucksweise. Sehr treffend schrieb Friedrich Schlegel über ihn: »Er denkt elementarisch. Seine Sätze sind Atome«, und ebenso klar hat auch Novalis selbst das Eigentümliche seines Denkens erkannt, wenn er sagt: »Als Fragment erscheint das Unvollkommene noch am erträglichsten – und also ist die Form der Mittheilung dem zu empfehlen, der noch nicht im Ganzen fertig ist und doch einzelne merkwürdige Ansichten zu geben hat.«

Sein Grundcharakter war die Unvollkommenheit, alles an ihm war nur Anlage, Keim, Entwicklungsansatz. Das wußte der Dichter, und er schrieb in sein Tagebuch: »Ich soll hier nicht vollendet werden« und ein andermal: »Ich soll hier nichts erreichen, ich soll mich in der Blüthe von allem trennen.« In diesem Sinne hat er uns denn auch wirklich nichts anderes gegeben als die *Blüte* einer Philosophie.

Die Kunst als Zentralbegriff

Im Mittelpunkt der Hardenbergschen Philosophie steht die *Kunst.* Wie Novalis selbst alles, was er betrieb, künstlerisch anfaßte, so erscheint ihm alles, was in der Welt unternommen wird, nur insoweit wertvoll und angemessen, als es unter künstlerischen Gesichtspunkten und mit Künstlerschaft geschieht. Schon das Menschwerden ist eine Kunst. Sittlichkeit und Philosophie, Mathematik und Experiment, Heilkunde und Politik: kurz das ganze Leben ist eine Kunst, und zwar ist hier Kunst nicht im Sinne von Kunstfertigkeit gemeint (in dieser Bedeutung spricht man ja allgemein von Heilkunst, Fechtkunst usw.), sondern Novalis denkt überall an eine Kunsttätigkeit, die von Dichtung, Malerei und Musik nicht wesentlich verschieden ist: überall fordert er Genie, Phantasie und schöpferische Gestaltungskraft. Jeder Mensch, was er auch betreibt, soll ein Dichter sein: der Musiker soll mit Tönen, der Maler mit Farben, der Mechaniker mit Kräften, der Philosoph mit Begriffen, der Fürst mit Völkern und Staaten, der Romantiker mit dem Leben dichten.

Die Religion als Zentralbegriff

Alles soll mit Kunst getan werden, daraus folgt für Novalis: alles muß mit Religion getan werden. Alles ist eine Tatsache des Glaubens, alles verlangt Frömmigkeit und Glauben. Vom Glauben hängt die Welt ab. Moral und Philosophie haben ihre Wurzel und ihren ersten Antrieb im Glauben. Auch der magische Idealismus hat seinen Grund und seine Möglichkeit im Glauben. Der Idealstaat der Zukunft wird ein Glaubensstaat sein, der alle Völker und Zonen durch das gemeinsame Band einer Universalreligion vereint. Unter dieser Religiosität, die die Grundlage und Voraussetzung alles höheren geistigen Lebens ist, versteht jedoch Novalis nicht eine bestimmte positive Glaubensüberzeugung, sondern überhaupt das innige und starke Gefühl von der Allgegenwärtigkeit eines göttlichen Wesens. Dieses Gefühl ist unbestimmt und geheimnisvoll, denn es hat seinen dunklen Ursprung in der Grundverfassung unseres Gemüts.

Alles, was wir tun, hat seine Wurzel im Gefühl, »Gefühl ist Alles«: dies ist die Grundansicht Hardenbergs. Sie hat ihre charakteristischste Ausprägung in den »*Lehrlingen von Saïs*«, wo die Steine sagen:»das Denken ist nur ein Traum des Fühlens«. In dieser Hinsicht gehört Novalis in die Gruppe der mystischen Gefühlsphilosophen, der Hamann und Lavater und ihrer Nachfolger.

Universalidealismus

Es liegt in der künstlerischen und religiösen Grundrichtung Hardenbergs, daß seine Philosophie prinzipiell idealistisch gesinnt ist, und zwar in einer so durchgängigen und ausschließlichen Weise, daß sie als Universalidealismus gelten darf. Dieser Universalidealismus hat bei Novalis eine doppelte Pointe. Erstens bedeutet er soviel als: Alles ist Geist, Seele, Leben. Er ist gleichsam die Umkehrung des französischen Materialismus: für Lamettrie war der Mensch eine Maschine, für Novalis ist im Grunde jede Maschine eine Art Mensch. Man kann diese Art Idealismus nicht schärfer aussprechen, als es Novalis in einem Aphorismus der »*Fragmente*« getan hat:»Alles was wir denken können, denkt selbst.«

Zum zweiten will Hardenbergs Idealismus soviel besagen als: alles hat sein Ideal, dem es unwillkürlich zustrebt und von dem es innerlich getrieben und bewegt wird. Alles wird durch die Idee der Vollkommenheit organisiert. So lebt jede Maschine vom Perpetuum mobile, jeder Mensch von Gott, jeder Staat vom Idealstaat.

Evolutionismus

Alles steht zu seinem Ideal in dem Verhältnis zunehmender Annäherung, alles steht unter der Herrschaft des *Entwicklungsprinzips.* Ja, Novalis ist sogar der Ansicht, es liege in der Natur des Ideals, daß es einmal erreicht und verwirklicht wird. Daher hält er den magischen Idealismus für möglich und neigt sich in der Geschichtsphilosophie Ideen zu, die dem *Chiliasmus* verwandt sind.

Panmagismus

Man hat Hegels System als Panlogismus und (erst in jüngster Zeit) Hebbels Weltanschauung als Pantragismus bezeichnet. In analoger Weise könnte man Hardenbergs Philosophie Panmagismus nennen; denn Novalis sieht überall Wunder und will alles wunderbar erklärt wissen, wobei er freilich unter Wunder und Magie nicht dasselbe versteht wie die Zauberkünstler, die seine Zeit in so lebhafte Aufregung versetzt haben. Das Wunder, das überall schlummert und dessen Kraft, richtig genützt, alles vermag, ist für Novalis *der Geist*, wo und in welcher Form immer er auftritt. Der Geist ist seiner Natur nach schrankenlos, und es gibt daher keine bestimmten Grenzen seiner Machtmöglichkeiten. Wenn wir heute mit der Hilfe unseres Geistes imstande sind, gewisse Gliedmaßen zu dirigieren, so liegt es nur an uns, ob wir auch einmal fähig sein werden, alle Teile unseres Körpers, die ganze Welt willkürlich in Bewegung zu setzen. Dies ist der Sinn des magischen Idealismus, dessen Wundertaten von unsern heutigen Leistungen nur dem Grade, nicht der Art nach verschieden sind.

Der magische Idealismus hat nur so lange etwas Befremdendes, als man sich an das Wort hält. Eine Weltansicht hängt von dem Standort ab, den der Beschauer einnimmt, und von den Augen, die er im Kopfe hat. Man kann dieselbe Sache in der Tiefe und in der Fläche sehen. In den epochemachenden Leistungen des neunzehnten Jahrhunderts, welche die Vertreter der »naturwissenschaftlichen Weltanschauung« als die Hauptstützen ihrer Lehre anführen, hätte Novalis die vollgültigsten und bedeutsamsten Belege für *seine* Weltansicht erblickt. Die Beherrschung des Erdballs durch Telegraphie, Telephon und Dampfrad, die Fixierung des Menschen durch Photographie, Phonograph und Kinematograph, die Fortschritte in der Chemie und Medizin, die Erfolge der preußischen Politik und Strategie: dies alles sind Tatsachen, die in der Richtung des magischen Idealismus liegen, und wenn man Novalis richtig versteht, so paßt niemand besser in sein System als ein Bismarck oder ein Edison.

Eklektizismus

Es entsprach der künstlerischen Natur Hardenbergs, daß er als Philosoph *Eklektiker* war. Sein Denken schöpfte aus allen Quellen und wir haben gesehen, wie Fichte und Friedrich Schlegel, Goethe und Schelling, Hamann und Schleiermacher, Galvani und Brown seine Richtung bestimmt haben. Daneben wirkten noch manche andere, z. B. der junge Naturforscher *J. W. Ritter*, mit dem er befreundet war, und der Holländer *F. Hemsterhuis*, den er sorgfältig studiert hat. Indes haben diese vielfachen und verschiedenartigen Elemente, aus denen seine Philosophie zusammengesetzt ist, der Einheit seiner Weltanschauung nicht geschadet, sondern eine durchaus organische Verbindung miteinander eingegangen, indem er mit einem sehr glücklichen Instinkt überall das künstlerisch Wertvolle herauszugreifen wußte. Charakteristisch hierfür ist, um nur ein Beispiel anzuführen, sein Verhältnis zu Fichte und Schelling. Das Künstlerische an der Fichteschen Philosophie ist die geniale Erklärung der Welt, die er von der im Dunkeln arbeitenden Einbildungskraft nach Art eines Kunstwerks erzeugt werden läßt. Diese Idee, die die Allmacht der menschlichen Phantasie lehrt, hat Novalis begeistert ergriffen. Indes liegt es in der Natur des Kunstwerks, daß es weniger ist als der Künstler, daß es sich zu diesem verhält wie der Teil zum Ganzen, wie die Kraftleistung zur Kraft, wie das Tote zum Lebendigen. Unter diesem Gesichtspunkt wird die Natur daher notwendig zu einer Angelegenheit zweiter Ordnung degradiert. Mit sicherem poetischen Takt ergreift daher Novalis in der Naturphilosophie die Richtung Schellings, der hier dem Künstler mehr zu sagen hat.

Der Eklektizismus Hardenbergs hat aber nicht bloß künstlerische Motive. Es lag in den philosophischen Intentionen des Zeitalters, ein möglichst lückenloses Gesamtbild des zeitgenössischen Geisteslebens zu konzipieren, ein Plan, den erst Hegel verwirklicht hat, die Romantiker aber schon gefaßt hatten. Auch Novalis schwebte eine solche *Enzyklopädie* vor, freilich nicht in der systematischen Form Hegels, sondern als Aphorismensammlung.

Darstellung und Sprache

Die Darstellung, in der Novalis seine philosophischen Gedanken vorbringt, entspricht dem Inhalt: sie ist sprunghaft, problematisch, intuitiv, oft dunkel. Eine gewisse Mystik der Form scheint er sogar mit Absicht angestrebt zu haben. So sagt er selbst in der Vorrede zu » *Glaube und Liebe*«: »der mystische Ausdruck ist ein Gedankenreiz mehr. Alle Wahrheit ist uralt. Der Reiz der Neuheit liegt nur in den Variationen des Ausdrucks«, und ein andermal setzt er auseinander, daß doch eigentlich nur die Methode, der Gang, der Prozeß einer Darstellung das Interessante und Angenehme an ihr sei. Am merkwürdigsten und charakteristischsten hat er sich über das Wesen der Sprache in einem originellen kleinen »Monolog« geäußert. Es heißt dort: »Der lächerliche Irrthum ist nur zu bewundern, daß die Leute meinen – sie sprächen um der Dinge willen. Gerade das Eigenthümliche der Sprache, daß sie sich blos um sich selbst bekümmert, weiß keiner... Wenn man den Leuten nur begriflich machen könnte, daß es mit der Sprache wie mit den mathemathischen Formeln sei – sie machen eine Welt für sich aus – sie spielen nur mit sich selbst, drücken nichts als ihre wunderbare Natur aus, und eben darum sind sie so ausdrucksvoll.« Das ist gewiß echt künstlerisch gedacht, und Novalis selbst hat seiner Sprache auch immer ihre freie Lebendigkeit und ihren natürlichen Reichtum gelassen, – aber es hat ihn auch verleitet, sich oft in dunkle Allegorien und gekünstelte Parallelismen zu verlieren, die er selbst wohl ganz unklar empfunden hat. Es ist z.b. gewiß nicht mehr als ein bloßes Spielen mit vagen Analogien, wenn er sagt: »Die Kraft ist der unendliche Vocal, der Stoff der Consonant.« Wenn es heißt, »Wasser ist eine nasse Flamme«, so sieht dies einer leeren Geistreichelei schon allzu ähnlich. Ebenso wird es schwerfallen, in dem Satz »der Mann ist lyrisch, die Frau episch, die Ehe dramatisch« einen bestimmten Sinn zu entdecken, obschon es sich nicht leugnen läßt, daß viele Frauen sehr episch und viele Ehen sehr dramatisch sind. Die Beispiele ließen sich noch beliebig vermehren. Indes darf man nicht vergessen, daß es sich hier immer nur um undeutliche und verschobene *Bilder* und nicht um schiefe *Gedanken* handelt.

Literarische Persönlichkeit

Wir haben am Schlusse der Lebensskizze Hardenbergs seiner biographischen Persönlichkeit gedacht, und es erübrigt nunmehr, noch einen kurzen Blick auf seine literarische Persönlichkeit zu werfen. Beide Charaktere brauchen sich nicht notwendig zu decken, ja es wird fast nie eine völlige Übereinstimmung zwischen ihnen stattfinden. Im täglichen Leben erscheint das Wesen des Schriftstellers unklarer, schwankender, gemischter, denn es ist nicht zu vermeiden, daß der Verkehr mit verschiedenartigen Menschen fortwährend kleinere oder größere Aberrationen in seiner persönlichen Richtung hervorruft, und gerade je höher und reifer eine Persönlichkeit entwickelt ist, desto mehr wird sie versuchen, im geselligen Umgang eine Art mittlerer Proportionale zwischen sich und den andern herzustellen. Sobald dagegen der Dichter oder Philosoph an den Schreibtisch tritt, nimmt sein Wesen einen viel freieren und selbstmächtigeren Charakter an, nun wird er erst er selbst: er ist mit sich allein, und er fühlt die Verpflichtung, möglichst mit sich allein zu bleiben. Und doch ist er auch wieder weniger allein als je, denn er hat gleichsam das Gefühl, als säße er in einem großen Spiegelzimmer, und er weiß sehr wohl, daß es nicht lauter Planspiegel sind, die sein Bild auffangen. Unwillkürlich wird ihn daher das Bestreben leiten, sich eine solche Haltung zu geben, daß möglichst wenige Karikaturen von ihm entstehen, oder doch möglichst ästhetische Karikaturen. Dieser Zustand, in den die öffentliche Wirksamkeit unfehlbar versetzt, wird bei vielen Schriftstellern eine Befangenheit und Unnatürlichkeit erzeugen, die ihre Gedanken zu Boden fallen läßt und ihre Begabung verdunkelt. In denen jedoch, die zu den wahrhaft Berufenen gehören, wird die Wirkung eine entgegengesetzte sein: es wird in ihnen eine Ungezwungenheit, Kraft und Freiheit erwachen, die sie im gewöhnlichen Leben nie besitzen.

Diese Berufung zur künstlerischen oder philosophischen Wirksamkeit ist *auch* eine Art höherer Gnadenwahl und von mysteriösem Ursprung. Sie äußert sich in dem bestimmten und sichern Gefühl des Künstlers oder Denkers, daß er reden darf und muß, daß er als öffentlicher Sprecher auf einem Posten steht, der ihm gebührt, und daß man wohl über den Wert seiner einzelnen Leistungen streiten kann, niemals aber über seine allgemeine Berechtigung, sich zu einer Vielheit zu äußern. Dieses Gefühl beherrscht ihn oft schon, ehe er noch recht weiß, *was* er sagen wird, und gibt ihm die größte Sicherheit.

Zu diesen Berufenen gehörte Novalis, und daher sind die Züge, welche er als Schriftsteller trägt, ganz andere als die, welche er im täglichen Verkehr hatte. Seine philosophischen Schriften sind keineswegs naiv, sondern von einer schriftstellerischen Überlegenheit, die mit der des jüngern Schlegel wetteifert; ebensowenig sind sie konziliant, sie tragen zumeist ein fast diktatorisches Gepräge. Aber Novalis durfte sich so äußern, denn er hat philosophiert, nicht bloß um seinen Geist in Bewegung zu setzen, sondern um das auszusprechen, was sein innerstes Gemüt ihm zurief. Hier lag wohl auch der Grund für seine Abneigung gegen die französischen Enzyklopädisten, mit denen er manche Berührung hätte finden können: diese waren voll Geist, aber sie waren eben *nur* Geist, und man spürte sehr wohl, daß sie von allem, was sie sagten, auch ebenso glänzend das Gegenteil hätten beweisen können. Novalis hätte aber niemals etwas andres sagen können, als er gesagt hat, von ihm darf in einem veränderten Sinne gelten, was von dem König im Uhlandschen Gedicht gesagt wird: »was er schreibt, ist Blut«.

Neben und nach ihm wirkten auch andre hochbegabte romantische Dichter und Schriftsteller, aber in keinem ist der romantische Geist so zu Fleisch und Blut geworden wie in ihm: er ist gleichsam der Archetype der Romantik. Was andre nur in dem und jenem

Punkte waren: er war es *ganz*: als Mensch, als Dichter und als Denker.

Ganze Menschen sind selten in der Geschichte, aber *wenn* sie erscheinen, dann *bleiben* sie auch und widerstehen standhaft dem Weltlauf, denn sie sind mehr als eine historische Spezialität, sie sind jeder eine *Gattung für sich*, die unersetzlich und unauslöschbar ist. Eine solche Erscheinung war Novalis, und darin liegt seine Größe.

Carlyle

Es ist ungemein leicht, Carlyle zu tadeln, und es ist ungemein schwer, ihn zu loben. Wer irgendeine seiner Schriften gelesen hat, ja auch nur die ersten zehn Seiten irgendeiner seiner Schriften, der wird mühelos eine Menge von Schwächen, Fehlern, Mängeln, Unzulänglichkeiten an ihm entdecken können. Er wiederholt sich; er widerspricht sich; er übertreibt; er hat seine Mittel nicht in der Gewalt; er schreibt dunkel und weitschweifig; sein Pathos ist überheizt; sein Tempo ist unsicher; seine Bilder und Gleichnisse sind schief oder gesucht, seine Gedanken sind ungeordnet und barock.

Alle diese Defekte und noch viele andere lassen sich ohne weiteres herausfinden und genau bezeichnen; will man aber ebenso kurz feststellen, welche guten Eigenschaften ihnen gegenüberstehen, so gerät man in Verlegenheit. Wollte man zum Beispiel sagen, daß Carlyle Temperament, Denkschärfe, psychologische Feinfühligkeit, plastische Charakterisierungsgabe besitzt, daß er originell, interessant oder geistreich ist, so wäre damit so gut wie gar nichts über ihn gesagt. Es ist sehr wahrscheinlich, daß dies alles zutrifft, aber es trifft ihn nicht. Jeder, der ihn kennt, hat das unabweisbare Gefühl, daß mit solchen Worten an das Phänomen Carlyle nicht heranzukommen ist, daß sie vollständig an ihm abgleiten.

Die Verlegenheit beginnt sogar schon in dem Augenblick, wo man angeben soll, in welche literarische Kategorie er überhaupt gehört. Ist er Philosoph, Historiker, Kritiker, Soziologe, Biograph, Ästhetiker, Romancier; ist er dies alles zusammen oder vielleicht auch nichts von alledem? Ja, ist er überhaupt auch nur ein Schriftsteller? Er selber hat diese Frage verneint. »Wenn es etwas gibt«, sagte er, »wofür ich kein besonderes Talent habe, so ist es die Literatur. Hätte man mich gelehrt, die einfachste praktische Tätigkeit auszuüben, so wäre ich ein besserer und glücklicherer Mensch geworden.« Diese Selbstbeurteilung eines Mannes, dessen Bücher heute in Hunderttausenden von Exemplaren verbreitet sind, mag zunächst überraschen; indes, sobald man näher zusieht, wird man etwas an ihr finden. Wenn man nämlich unter einem Schriftsteller einen Menschen versteht, der die Gabe besitzt, seine Beobachtungen und Empfindungen leicht und glänzend zur Darstellung zu bringen, der gelernt hat, alles, was in ihm ist, gewandt und mühelos herauszusagen, kurz einen Menschen, der besonders gut imstande ist, seine Eindrücke auszudrücken, so war Carlyle ganz gewiß kein Schriftsteller. Die literarische Arbeit war ihm nie etwas anderes als eine Qual, niemand hat mehr unter den Hemmungen und Widerständen des Produzierens gelitten als er. Wenn er von einem Stoff erfüllt war, so fühlte er sich wie unter einer schweren Last wandelnd, er empfand nichts als einen unerträglichen Druck, die Freudigkeit des Gestaltens fehlte ihm vollständig. Und auch das fertige Werk trägt bei ihm noch die Spuren des Kampfes mit der Materie. Der Grundcharakter seines Stils ist eine merkwürdige Verbindung von Lebhaftigkeit und Schwerfälligkeit; es ist eine Ausdrucksweise, bei der man fortwährend im Zweifel ist, ob man sie feurig oder holprig nennen soll, ein Pathos, das unwiderstehlich mitreißt und dennoch immer mühselig mit sich selbst ringt, sich überstürzend, dann wieder hinkend und zurückbleibend, formlos und formell; mit seinen hunderterlei Einschiebungen, Einschränkungen, Rückbeziehungen, plötzlichen Parenthesen, angehängten Nachsätzen und zerreißenden Interjektionen die Verzweiflung vieler Leser; eben hierdurch erhält ja Carlyles Prosa ihren eigenartigen Rhythmus. Wollte man Carlyles Wesensart mit einem einzigen Worte bezeichnen, so könnte man ihn vielleicht, indem man dabei aus Carlyles eigenem Vokabular schöpft, einen *Denkerhelden* nennen. Carlyle hat die verschiedenen Äußerungen des Heldentums in allen menschlichen Betätigungen aufgesucht und aufgefunden: seine Auffassung war, daß im Grunde jeder wahrhaftige und tüchtige Mensch ein Held sein kann und daß daher die äußere Gestalt des Helden, so wechselnd sie ist, nur eine untergeordnete Bedeutung hat. Nur eine Form des Heldentums hat er übersehen: den » *hero as thinker*«; aus einem sehr einfachen Grunde: weil er sie nämlich selbst verkörperte. Indes ist gerade sie die wirksamste und umfassendste von allen. Der Denker ist gewissermaßen der Universalheld, er begreift alle Formen des Heldentums in sich: er ist Prophet, Dichter, Priester, Schriftsteller, Organisator. Sein Einfluß währt am längsten und reicht am tiefsten. Ohne es zu wissen, leben, fühlen und handeln die Menschen nach seinen Vorschriften, obgleich oder vielmehr weil seine Wirksamkeit oft eine geheime, unterirdische ist. Die Gedanken, die Jesus zu einigen einfachen Landleuten sprach, die sie zur Hälfte anzweifelten und zur Hälfte mißverstanden, haben gleichwohl die halbe Erdoberfläche revolutioniert. Die Erfolge der großen Eroberer und Könige sind nichts gegen die Wirkungen, die ein einziger großer Gedanke ausübt. Er springt in die Welt und verbreitet sich langsam und unwiderstehlich mit der Kraft eines Elementarereignisses, einer geologischen Umwälzung: nichts vermag sich ihm in den Weg zu legen, nichts vermag ihn ungeschehen zu machen. Und der Denker ist nicht nur die mächtigste Form des Heldentums, sondern auch die reinste, die menschlich größte; gerade weil er nicht im konkreten Handeln sein Ziel und seine Aufgabe sieht. Jede Handlung hat einen gewissen Grad von Beschränktheit, Blindheit, Ungerechtigkeit zur Voraussetzung: ihr Inhalt ist immer nur eine bestimmte, gegebene, momentane Wahrheit; aber der Denker will die ganze. Er versteht, durchschaut, durchdringt alles, erkennt alles in seiner Berechtigung.

Damit ist aber keineswegs gegeben, daß der Denker in temperamentlosem Indifferentismus alles gelten läßt. Im Gegenteil: jeder echte Denker ist ein leidenschaftlicher Reformator, ja, noch mehr: ein Monomane. Der Ton, in dem er spricht, ist nicht milde und konziliant, sondern rechthaberisch und gewalttätig. Es genügt ihm nicht, seine Wahrheiten für sich gefunden zu haben, er will sie zum Besitz der ganzen Welt machen, sie ihr beibringen, auch gegen ihren Willen. Er trägt Dinge in seinem Herzen, die gebieterisch nach außen drängen, die er jedermann ins Ohr schreien, über jeden Türpfosten schreiben, an jeder Straßenecke plakatieren möchte. Das schöpferische Denken ist eine Leidenschaft, und eine der fruchtbarsten und furchtbarsten.

Durch diese Züge ist Carlyles Schaffen bestimmt. Er fühlt sich nicht als Verfasser von Büchern, die der Belehrung oder Unterhaltung dienen, sondern als Träger einer Mission. Die Form ist ihm gleichgültig. Er wiederholt seine Leitsätze immer wieder, refrainartig, denn er weiß, man muß eine Wahrheit hundertmal sagen, bis ein einziger an sie glaubt. Er ist unmäßig im Lob und im Tadel wie ein grober wohlwollender Schullehrer. Er vermag nur in Majuskeln zu schreiben. Er geht *immer* zu weit; absichtlich. Aber schließlich: alle echten und tiefen Gefühle sind »übertrieben«, hyperbolisch, hypertrophisch; die Mutterliebe, der Patriotismus, die Geschlechtsliebe: das sind lauter Übertreibungen und gerade dadurch sind sie produktiv; man könnte fast sagen: alle wirklich lebendigen Empfindungen haben Überlebensgröße. Carlyles Technik besteht einfach darin, daß er sich von jeder starken Impression, die er hat, willig fortreißen läßt, bis zu den letzten, äußersten Konsequenzen oder Inkonsequenzen: die Technik *aller* großen Künstler. Und zudem fehlt es ihm auch nicht an der ausgleichenden Selbstironie. Wenn man genauer achtgibt, kann man ihn bisweilen hinterher über sich selber herzlich lachen hören.

Seine Äußerungen, so subjektiv in der Form, haben das denkbar empfindlichste Gerechtigkeitsgefühl zur Grundlage. Es gibt sicher wenige so objektive Beobachter und Beurteiler wie Carlyle. Es ist ihm vollkommen unmöglich, sich eine Sache für seinen Zweck herzurichten und zurechtzustutzen. Plötzlich fällt ihm mitten in einer Argumentation ein, daß er irgendeinen Umstand außer acht gelassen hat, und dann ist er imstande, die ganze Beweisführung umzukrempeln. Daherkommt es sehr oft vor, daß er sich widerspricht. Aber dies ist nur die natürliche Folge seiner Wahrheitsliebe und seiner Beobachtungsgabe. Er widerspricht lieber sich als den Tatsachen. Diese sind seine alleinige Richtschnur. Denn dieser extreme Idealist und Ideologe ist zugleich der praktischste, nüchternste, sachlichste Wirklichkeitsmensch. Seine Gabe zu sehen ist außerordentlich. Er vermag einen Menschen, ein Buch, eine Landschaft mit drei Worten so zu umreißen, daß wir das Original vor uns zu sehen glauben, obgleich wir zum erstenmal davon hören. Obgleich er immer von gewissen Abstraktionen ausgeht, so schreibt er doch niemals im geringsten abstrakt; er bewegt sich immer in einer greifbaren, tastbaren Welt, ja er hat sogar die Fähigkeit, Ideen so zu beleben, als seien sie wirkliche Menschen, persönliche Freunde oder Gegner. Er besaß selber im höchsten Maße jene Eigenschaft, die er » *vision*« zu nennen pflegt. Er trifft stets mit unfehlbarer Sicherheit den Kern jeder Sache, einerlei welchem Gebiete sie angehören mag. Es ist dies im Grunde das Wesen der Genialität; in allen Fächern. Sehen, worum es sich handelt, dies genau bezeichnen und alles andere beiseite werfen: auf dieser so einfachen Tätigkeit beruhten alle epochemachenden Fortschritte in der menschlichen Entwicklung, ob es sich nun um einen Erfinder, einen Künstler, einen Staatsmann oder einen Philosophen handelte.

In einem solchen Kopfe muß sich notgedrungen alles ganz von selber zum Weltbilde runden. Tatsachen haben eine unwiderstehliche Affinität zu Tatsachen und fügen sich völlig selbsttätig ineinander. Das erste ist jene geheimnisvolle Gabe der » *vision*«: man könnte sagen, diese allein ist schon eine vollständige Weltanschauung, ja vielleicht die einzige, die diesen Namen wirklich verdient.

Man kann Carlyles Leben recht wohl ein Heldenleben nennen, in dem Sinne, den er diesem Worte gegeben hat. Ein Leben in Stille und göttlichem Schweigen; nicht glatt und ebenmäßig, sondern rauh und kantig; unartikuliert; voll von Irrtümern, aber frei von Lügen; viele Schwächen lassen sich darin finden, aber nicht eine einzige niedrige Handlung. Ob es ein glückliches Leben gewesen ist, wollen wir nicht fragen, denn es ist zu gut für diese Frage. Es war das Leben eines Menschen, der immer seinen Weg ging, genau den Weg, der ihm innerlich vorbestimmt war. Und schließlich ist dies vielleicht die Definition des menschlichen Glücks.

Thomas Carlyle wurde am 4. Dezember 1795 in Ecclefechan, Distrikt Annandale, Grafschaft Dumfries geboren. Aber die Vorstellungswelt, in die er eintrat, war nicht die des achtzehnten Jahrhunderts, sondern der Reformation, und zwar der puritanischen, aus der John Knox und die Covenanters hervorgegangen sind. Diese Traditionen waren in seiner Heimat mit Zähigkeit festgehalten worden und hatten sich immer tiefer eingelebt; der Bibelglaube hatte sich seine ursprüngliche Reinheit und Strenge bewahrt, der Ritus hielt sich nach wie vor frei von allem äußeren Gepränge und die Gemeinden behielten ihre demokratische Kirchenverfassung. Aus diesem tiefreligiösen Geist, der sich durch Abstammung und Erziehung auf Carlyle übertrug, erklärt sich manches Seltsame in seiner Gedankenbildung und Ausdrucksweise, jene einzigartige Mischung aus modernen Bildungselementen und altertümlichen Ideen und Bildern, die unmittelbar dem Vorstellungskreis der Bibel und des schlichten schottischen Kirchenglaubens entnommen sind. Etwas vom hebräischen Propheten, so wie er der Einbildung seiner Landsleute sich darstellte, war zweifellos in Carlyles Wesensart und mag auch, bewußt oder unbewußt, ihm als Lebensideal vorgeschwebt haben: seine Lehrweise hat gar nichts von der abgeschliffenen, konzilianten Form des modernen Schriftstellers, der nur ungern widerspricht und dessen Ehrgeiz es ist, alles mit möglichst runden Manieren vorzubringen, sondern er gleicht sehr oft einem polternden Landpfarrer, der zu einer störrischen und denkfaulen Bauernversammlung spricht und dessen Predigten Strafgerichte sind. Carlyle gehört dem neunzehnten und zwanzigsten Jahrhundert an oder, wenn man will, dem sechzehnten und siebzehnten; aber das achtzehnte Jahrhundert mit allem, was es hervorgebracht hat, empfand er immer als seinen äußersten Gegensatz: es diente ihm nur dazu, das *Falsche* erkennen zu lernen und so durch Kontrastwirkung auf die richtige Bahn gelenkt zu werden.

So wenig die Zeit, in der Carlyle geboren wurde, für ihn charakteristisch ist, so sehr ist es das Volk, dem er entstammte. Carlyle ist durch und durch Schotte, und zwar ein Schotte des Tieflands, wo der keltische Einschlag viel geringer ist als bei den Hochschotten, und das niederdeutsche Element sogar stärker als bei den Engländern. Es mag damit zusammenhängen, daß er von allem Anfang an deutschem Geistesleben ein so tiefgehendes Interesse und Verständnis entgegengebracht hat und daß er andererseits in England anfangs so großes Befremden erregte. Seine Schriften bilden denn auch in der Tat bis heute in ihrer Vortragsart sowie in ihrer ganzen Form der Gedankenbewegung ein Unikum in der gesamten englischen Literatur. Obschon er nicht in einem heimatlichen Sonderdialekt schrieb, wie es sein Landsmann Burns getan hat, sondern sich des gewöhnlichen Schriftenglisch bediente, so fällt es doch schwer, ihn einen englischen Autor zu nennen. Und noch unenglischer ist seine ganze Art zu sehen: es ist die widerspruchsvolle, schwer zu entziffernde Natur des Schotten, die seinem Leben und Denken ihr Gepräge gibt, jene merkwürdige Verbindung von Verträumtheit und Lebensklugheit, von launischer Reizbarkeit und robuster Widerstandskraft, von Melancholie und Humor, Eigensinn und Anpassungsfähigkeit, Unzugänglichkeit und Geselligkeit; alles dies findet sich in Carlyle, und oft in jener unheimlichen Vergrößerung, in der geniale Menschen die Eigenschaften ihres Volkes zu verkörpern pflegen. Buckle bezeichnet als den Grundzug des Schotten den Hang zur Deduktion, und etwas davon hat auch Carlyle: indem er immer von einigen großen Prinzipien, innersten Überzeugungen, unmittelbaren seelischen Grunderlebnissen ausgeht; aber man kann dies nicht Spiritualismus nennen, denn das Gegengewicht dazu bildet ein anderer Charakterzug, der ebenso schottisch ist, nämlich ein sehr gesunder Tatsachensinn, eine scharfe und lebhafte Beobachtungsgabe und die Fähigkeit, sich der Wirklichkeit zu akkomodieren. Carlyle ist ungemein zäh und konservativ in Dingen der »Theorie« und ebenso beweglich und fortschrittsfähig in der Anwendung seiner Theorien auf die Praxis; und diese Doppeleigenschaft ist in der Tat die Voraussetzung alles fruchtbaren Denkens.

Und zum Schlusse vergessen wir nicht: Carlyle entstammt einem Volke, dem die Gabe des » *second sight*«, des zweiten Gesichts zugeschrieben wird. Mag diese Fähigkeit erwiesen sein oder nicht: in einem anderen und höheren Sinne besaß er sie gewiß, denn wenn man Carlyles Wesen und Bedeutung am kürzesten zusammenfassen wollte, so dürfte man vielleicht sagen: er war ein *Geisterseher*.

Carlyle war das älteste Kind aus der Ehe James Carlyles mit Margarete Aitken. Der Vater war Steinmetz; das Häuschen, in dem die Familie wohnte, war von ihm gebaut. Carlyle schildert ihn als einen schweigsamen, ernsten und ungemein wahrheitsliebenden Mann; doch fehlte es ihm, wenn er sich mündlich oder schriftlich über etwas äußerte, nicht an der Gabe kraftvoller Rede, und die Worte und Gleichnisse, die ihm ungesucht zuströmten, trafen immer den Kern der Sache. Von ihm scheint Carlyle die leidenschaftliche Aufrichtigkeit und die Verläßlichkeit, Tüchtigkeit und Genauigkeit im Arbeiten geerbt zu haben. Er selbst sagte von sich: er wolle seine Bücher so schreiben, wie sein Vater Häuser gebaut habe, und er betrachte sich nur als eine Fortsetzung und einen zweiten Band seines Vaters. Die Mutter, der es vergönnt war, ihren Sohn bis in sein hohes Mannesalter zu begleiten und seine ganze ruhmvolle Entwicklung mitzuerleben, war eine ungewöhnlich gottesfürchtige und kluge Frau, klug nicht durch Bücher oder gelehrten Umgang, sondern durch die natürliche und gesunde Anlage ihres Verstandes und Weltblicks. Sogar das Schreiben erlernte sie erst spät: ihrem Sohn zuliebe, um mit ihm korrespondieren zu können; gleichwohl gelang es ihr überraschend gut, in das Verständnis seiner zum Teil doch recht komplizierten Werke einzudringen; sie las alles, was er zu ihren Lebzeiten schrieb, und macht darüber in ihren Briefen oft sehr treffende Bemerkungen. Sie war sicher derjenige Mensch, den Carlyle am meisten geliebt hat, ihr gegenüber ging er auch am leichtesten aus sich heraus, und der Briefwechsel der beiden ist ein ebenso belehrendes wie rührendes Dokument. Von seinen Geschwistern scheint ihm sein Bruder John der liebste gewesen zu sein; aber er hatte zu allen ein überaus herzliches Verhältnis, denn ein starker Familiensinn gehörte zu den ausgeprägten Charaktereigenschaften aller Carlyles.

In dieser Welt des Glaubens und der Arbeit verbrachte Carlyle seine ersten neun Lebensjahre. Für seine Jugendgeschichte kann sein Roman » *Sartor resartus*« in vielem als eine Art autobiographische Quelle betrachtet werden, obschon das wenigste darin buchstäblich genau zu nehmen ist. Indes: bei einem bedeutenden Schriftsteller wird alles, was er produziert, mehr oder weniger eine Art Autobiographie sein; denn da er nie etwas schildert, was er nicht in dieser oder jener Form an sich und in sich erlebt hat, so werden alle seine Gedanken und Gestalten unwillkürlich die Züge ihm wohlbekannter Beobachtungen und Schicksale tragen. Wir brauchen uns daher keineswegs bloß an » *Sartor*« zu halten. So ist zum Beispiel Carlyles Schilderung der Jugendgeschichte Burns' sicher zum Teil ein Abbild seiner eigenen Kindheitsjahre: der wackere Vater, eine Art »stummer Dichter«,die munteren Geschwister, das friedliche und tätige Landleben, die tapfer ertragenen mannigfachen Entbehrungen, die gemeinsamen biblischen Erbauungsstunden und noch vieles andere; wie denn auch weiterhin für die Darstellung der Universitätsjahre Johnsons die eigene Studienzeit das Modell abgegeben haben mag.

Es hatte sich bald herausgestellt, daß Carlyle für das Lernen sehr begabt war, und so beschlossen denn die Eltern, aus ihm den üblichen Theologen zu machen. Er kam im Jahre 1804 auf die Schule zu Annan, wo er aber nicht besonders viel profitiert zu haben scheint. Der Unterricht bestand mehr in Prügeln und im Eindrillen toter Daten als in der Vermittlung wirklichen Bildungsstoffes. Im » *Sartor*« sagt Carlyle von den Professoren des Gymnasiums in »Hinterschlag«, das in vielem der Schule in Annan nachgebildet ist: »Sie wußten von der Syntax das Nötige; und von der menschlichen Seele im wesentlichen dies: daß man auf sie durch Vermittlung der Muskelhülle einwirken könne, und zwar unter Anwendung von Birkenruten«. Er war ein verträumtes und scheues Kind und daher der Gegenstand der Neckerei seiner Kameraden, und so war er denn froh genug, als er mit vierzehn Jahren die Universität in Edinburgh beziehen konnte.

Indes, auch diese Zeit war ziemlich freudlos. Edinburgh war damals eine sehr ärmliche Universität. Von dem fröhlichen Studententreiben deutscher Hochschulsitze oder der Eleganz englischer Universitätsstädte fand sich dort nichts. Die Schüler lebten sehr eingezogen und dürftig in ihren Mietsstuben, ihre Nahrung bestand in regelmäßigen Sendungen von Butter, Hafermehl oder, wenn es hoch kam, Eiern, die sie aus der Heimat empfingen. Im Frühjahr und Sommer war die Universität bezeichnenderweise überhaupt geschlossen, weil die meisten Hörer zu Hause bei den Feldarbeiten benötigt wurden. Die Reise vom Heimatsdorf wurde in der Regel zu Fuß zurückgelegt. Von den Kollegien befriedigte Carlyle nur das mathematische. Die klassischen Sprachen lernte er ziemlich gut lesen. Homer und Tacitus erregten seine Bewunderung, Horaz dagegen fand er egoistisch und frivol, und Cicero erschien ihm als eine »windige Persönlichkeit«. In diesen wenigen Urteilen, die uns aus jener Zeit aufbewahrt sind, entdecken wir bereits einige Grundlinien der Carlyleschen Weltanschauung; sie überraschen, wenn man bedenkt, in wie jugendlichem Alter sie gefällt wurden und daß damals Cicero als Philosoph und Prosaist ein kanonisches Ansehen genoß und Horaz als das Urbild eines großen Dichters galt. Es ist der gesunde Sinn für Tatsachen, Carlyles Haupt- und Grundeigenschaft, der sich hierin bereits ausspricht und ihn die knappe, präzise, sachliche Darstellung eines Tacitus und die ursprüngliche, ungesuchte Gegenständlichkeit eines Homer bevorzugen läßt. Aus derselben Wurzel entsprang wohl auch seine große Vorliebe für Geometrie, die zunächst befremden mag, da seine späteren Studien eine ganz andere Richtung genommen haben. Es ist jedoch merkwürdig, daß fast alle großen Denker der neueren Zeit von mathematischen und naturwissenschaftlichen Arbeiten ihren Ausgang genommen haben: wir brauchen uns bloß an Namen wie Bacon, Descartes, Spinoza, Leibniz oder Kant zu erinnern; es scheint, daß ein derartiger Entwicklungsgang in der Struktur des modernen Denkens tief begründet ist. Carlyles überhaupt erste Veröffentlichung in Buchform war eine Übersetzung von Legendres » Eléments de géométrie« mit Anmerkungen und Zusätzen und einer Einleitung über Proportionen, die in Fachkreisen allgemeine Anerkennung fand; und noch in seinem Testament an die Edinburgher Universität bestimmte Carlyle ein besonderes Stipendium für gute Leistungen in der Mathematik, denn dies sei allemal »ein Zeichen nicht nur von anhaltendem Fleiß, sondern auch von klarem, methodischem Verstande« und verspreche viel für alle Arten von Künsten und Studien.

Mit seinen Kameraden stand er sich in Edinburgh besser als in Annan; es waren manche junge Leute von scharfer Auffassungsgabe und liebenswürdigem Charakter darunter, und alle, mit denen er in nähere Berührung kam, erkannten seine geistige Überlegenheit. Man diskutierte lebhaft und viel, vor allem natürlich über die Fragen, die damals alle Welt bewegten: die Napoleonischen Kriege mit den mannigfachen politischen und sozialen Umwälzungen, die sie im Gefolge hatten; aber auch die Neuerscheinungen der Literatur, vor allem Byron und Scott, traten in den Gesichtskreis des Interesses. Carlyle hatte wegen seines geistvoll-sarkastischen Wesens den Spitznamen »Dean«, eine Anspielung auf Jonathan Swift. Ironische Schärfe ist ihm auch später stets zu Gebote gestanden, sie war ihm aber immer nur ein Mittel der Belehrung, niemals Selbstzweck, und ein Satiriker im landläufigen Sinne ist er niemals gewesen.

Nun war es aber Zeit, ans Geldverdienen zu denken, und so kam Carlyle, noch nicht ganz zwanzigjährig, als Lehrer der Mathematik nach Annan. Seinen Beruf erfüllte er gewissenhaft, denn er war von der »Heiligkeit der Arbeit« zu sehr überzeugt, als daß er irgendeine einmal übernommene Aufgabe je in seinem Leben vernachlässigt hätte; aber er fühlte sich keineswegs glücklich. Nach zwei Jahren erhielt er eine Berufung als Schulleiter nach Kirkcaldy. Auch dort blieb er nur zwei Jahre; aber die beiden Stellungen waren für damalige Verhältnisse anständig bezahlt, und so hatten diese vier pädagogischen Lehrjahre wenigstens den Vorteil, daß sie ihm für einige Zeit ökonomische Unabhängigkeit verschafften und es ihm ermöglichten, seinen Lieblingsbruder John, den er stets in aufopferndster Weise unterstützte, Medizin studieren zu lassen.

So eintönig diese Zeit auch war, sie sollte ihm doch zwei Erlebnisse bringen, die für seine spätere Entwicklung von großer Bedeutung waren: die Bekanntschaft mit der deutschen Literatur und mit Irving. Er las Goethe, Schiller, Novalis, Jean Paul und erkannte hier sogleich eine ganz neue Gedanken- und Gestaltenwelt, von der englischen himmelweit entfernt und ihr himmelweit überlegen, und er beschloß, diese neuen Werte seinen Landsleuten zu erschließen. Er begann mit einer Übersetzung des » Wilhelm Meister«, den er mit sicherem Instinkt als das Zentralphänomen dieser ganzen geistigen Bewegung erfaßt hatte. Seine Studien trieben ihn immer tiefer, und so wurde er bald der begeistertste und wohl auch der genaueste Kenner der deutschen Literatur, den es im damaligen England gab. Die Frucht dieser Arbeiten war eine Reihe meisterhafter Essays über neuere deutsche Dichtung und Philosophie; und nicht allein dies: seine ganze Produktion wurde neu orientiert und vertieft und bekam von da an jenes originale Gepräge, das ihn zu einem vielbestaunten und vielbefeindeten Kuriosum in seinem Lande gemacht hat.

In Kirkcaldy befand sich noch eine zweite Schule; ihr Leiter war Edward Irving, in dem Carlyle seinen ersten intimen Freund fand. Er kam als Konkurrent, aber die beiden jungen Männer traten sogleich in eine herzliche Beziehung. Irving war damals noch ebenso unbekannt wie Carlyle. Sein Aufstieg zum Ruhme sollte sich rascher vollziehen als der Carlyles, aber auch viel früher enden. Irvings Lebenslauf ist nicht ohne eine gewisse Tragik. Als er wenige Jahre später nach London kam, hatte er mit seinen Predigten einen derartigen Erfolg, daß er zur großen Saisonberühmtheit wurde. Herzoginnen drängten sich zur Kirche, Männer wie Brougham, Canning und Makintosh ließen Plätze belegen, er war eine Zeitlang » lion«. Aber das Interesse war eine bloße Modelaune der blasierten Londoner Gesellschaft gewesen, nicht tiefer gehend als die Huldigungen für einen Schauspieler oder Violinvirtuosen: nach kurzer Zeit war Irving wieder vergessen. Aber er konnte sich nicht mehr in die alte Rolle zurückfinden, die zahlreiche begeisterte Anhängerschaft hatte in ihm den Prophetenwahn gezüchtet, und er begann eine eigene Sekte zu gründen, die alsbald in die abstrusesten Verirrungen ausartete, in Glossolalie, Visionen und anderen Hokuspokus. Anfeindungen, Kirchenverbote und fortgesetzte Aufregungen steigerten das reizbare Temperament Irvings bis zu einer Art religiösen Wahnsinns, und er starb schon 1834 unter den betrüblichsten Umständen. Damals aber, in Kirkcaldy, war er mit seinem lebhaften warmen Naturell und seiner unbedingten Ehrlichkeit in Glaubensdingen der wünschenswerteste und förderlichste Freund, den Carlyle in seiner damaligen Verfassung finden konnte. Dieser war schon seit längerer Zeit von quälenden Gewissensfragen heimgesucht, die ihm das Festhalten an der theologischen Laufbahn immer unmöglicher erscheinen ließen. Die Erweiterung des Gesichtskreises, die er durch das Studium der neueren englischen, französischen und deutschen Literatur und die Beschäftigung mit den exakten Wissenschaften erfahren hatte, ließ in ihm die schwerwiegendsten Bedenken gegen die überlieferte Kirchenlehre erwachen. Die Lektüre Gibbons, die in jene Zeit fällt, hatte ihn noch hierin bestärkt. Er war nicht der Mann, solche Zweifel beiseite zu schieben, wie es damals die meisten Gebildeten taten, und hier gewährten ihm die offenen und rückhaltlosen Aussprachen mit Irving eine große Erleichterung. Aber eine völlige Befreiung vermochten sie ihm nicht zu verschaffen, die konnte naturgemäß nur durch ihn selbst kommen.

Zu diesen seelischen Indispositionen traten auch körperliche. Damals bekam er zum erstenmal seine dyspeptischen Zustände, die ihn sein ganzes Leben lang nicht völlig verlassen sollten. Sie waren manchmal sehr schmerzhaft, so daß er sie mit dem Nagen einer Ratte verglich, doch ließen sie, zumal in späteren Jahren, infolge rationeller Körperbewegung und Diät erheblich nach. Als Krankheit waren sie vermutlich nie besonders ernst zu nehmen, obschon sich Carlyle in vielen Briefen in den bittersten Worten über sie beschwert. Aber so heroisch er im Ertragen seelischer Leiden war, so gehörte er doch nicht zu jenen Menschen, welche körperlichen Attacken mit Ruhe standzuhalten vermögen. Wir dürfen daher wohl auf seine Klagen kein allzu großes Gewicht legen, obschon die Sache sicher oft mehr als lästig war. Trotzdem kann die Tatsache seiner Dyspepsie nicht leicht unterschätzt werden. Denn sie hat vermutlich auf seine Geistesrichtung einen bedeutenden Einfluß gehabt. Wir sind hoffentlich heutzutage über das Vorurteil hinaus, in den physiologischen Umständen eines Menschen bloße Äußerlichkeiten und Nebensächlichkeiten zu erblicken. Nur oberflächliche Köpfe werden Untersuchungen über solche Dinge oberflächlich finden. Es ist keineswegs bloß das Gehirn, das philosophiert, sondern ebensosehr der Blutkreislauf, die Verdauung, der ganze Stoffwechsel. Es ist durchaus möglich, daß Schopenhauer ohne seine habituelle Obstipation kein Pessimist geworden wäre. Und was Carlyle angeht, so erstreckt sich die Nachwirkung seiner Dyspepsie geradezu bis auf seinen Stil. Das soll selbstverständlich keinen Einwand gegen seine Schreibweise bedeuten, deren Reiz gerade zum großen Teil in dieser ihrer Charaktereigentümlichkeit besteht, die man vielleicht als schwerfällige Peristaltik bezeichnen könnte.

Schließlich fällt in jene Zeit auch Carlyles erstes Liebesabenteuer, wenn man es so nennen darf. Es war eine schwärmerische Beziehung zu Miß Margarete Gordon, einem liebenswürdigen und gebildeten jungen Mädchen; der Verkehr ist jedoch über die allerersten Stadien nicht hinausgekommen. An etwas Ernsthaftes haben wohl beide Teile niemals gedacht; die Sache verdient aber eine kurze Erwähnung, weil jene junge Dame das Urbild der Blumine im » *Sartor resartus*« ist. Die Frauen haben überhaupt in Carlyles Leben nur eine sehr untergeordnete Rolle gespielt: er hat in ihnen nie mehr gesehen als einen angenehmen Schmuck des Lebens oder eine anmutige kleine Erholung von der Arbeit, und einer wirklichen erotischen Leidenschaft war er wohl vermöge seiner ganzen Charakteranlage überhaupt nicht fähig. Das Problem der Geschlechter ist vielleicht das einzige, das sich in keiner seiner Schriften behandelt findet. Er spricht wohl bisweilen von »Liebe«, aber man hat nicht den Eindruck, daß er darunter etwas versteht, das von der Zärtlichkeit oder Verehrung, die man für eine Mutter, eine Schwester oder einen Freund empfindet, im innersten Wesen verschieden ist. Da auch Daten über erotische Erschütterungen irgendwelcher Art in seiner Lebensgeschichte nicht zu finden sind, so werden wir wohl nicht fehlgehen, wenn wir annehmen, daß diese Seite des menschlichen Wesens bei ihm ebenso schwach entwickelt war wie bei so vielen großen Denkern. Wie und warum er den Widerspruch beging, trotzdem zu heiraten und nicht lieber unverehelicht zu bleiben, wie es fast alle bedeutenden Philosophen von Heraklit bis Nietzsche gewesen sind, darauf werden wir noch zurückkommen.

Im Jahre 1818 verließ Carlyle fast gleichzeitig mit Irving Kirkcaldy; beide hatten die »Schulmeisterei« satt. Carlyle begab sich nach Edinburgh zurück, um Rechtsstudien zu betreiben, denn mit der Theologie hatte er, nicht ohne Widerstand seiner Eltern, endgültig gebrochen. Aber es wurde auch aus der Jurisprudenz nicht viel. Immer mehr erkannte er, daß der einzige Beruf, der seinen Neigungen und Fähigkeiten entsprach, der des Schriftstellers war. Aber wenn er damit hätte auskömmlich leben und sich Anerkennung verschaffen können, hätten entweder die damaligen literarischen Zustände in England oder sein Talent und sein Charakter anders beschaffen sein müssen. Es standen ihm große Anstrengungen und Enttäuschungen bevor, aber es war doch schon ein Gewinn, daß er sich über seine Stellung und Bestimmung in der Welt, wenn auch nur in allgemeinen unbestimmten Umrissen, klar geworden war; und daß er keinen leichten Lebensweg eingeschlagen habe, dessen war er sich wohl bewußt. Sein Lebensmotto, schrieb er an seine Mutter, sei von nun an das Wort d'Alemberts: »Wahrheit, Freiheit und Armut«.

In diese Zeit fallen Carlyles erste Veröffentlichungen. Es sind eine Reihe von Beiträgen zu Brewsters Enzyklopädie, kurze Monographien über historische, literarische und geographische Gegenstände. Obgleich seine Artikel die anerkannt besten in dem übrigens ziemlich schwachen Werk waren, so konnte ihn natürlich eine solche kompilatorische Tätigkeit nicht befriedigen, und er hat später sehr geringschätzig über diese Arbeiten gesprochen. Seine ganze geistige Entwicklung näherte sich überhaupt jetzt einer gefährlichen Krise, die in dem Zustande der damaligen Kultur, seinem bisherigen Bildungsgang und seiner persönlichen Charakteranlage aufs tiefste begründet ist.

Es war ihm gelungen, sich im Laufe der Jahre eine ungewöhnlich genaue und umfassende Kenntnis der poetischen und wissenschaftlichen Literatur seiner Zeit anzueignen. Aber die Resultate, die er hieraus gewann, vermochten ihn nicht zu einer beruhigenden Weltanschauung zu führen. Auf der einen Seite stand die in Formeln und Riten erstarrte, nur noch gewohnheitsmäßig geübte Religiosität, der kritiklose Glaube an Dogmen und biblische Geschichten, die längst unglaubwürdig geworden waren, auf der anderen Seite Skepsis, Atheismus, Utilitarismus, Materialismus, schrankenloser Individualismus: lauter Theorien, die den Menschen, die Natur, den Staat, die Gesellschaft, das ganze Weltall in einen toten Mechanismus aufzulösen drohten und gegen deren Glaubwürdigkeit sich seine innerste Natur sträubte. So befand er sich in einem quälenden Dilemma: jenen alten Glaubenssätzen, die die Kirche bot, widersprach sein Verstand, und jenen neuen Lehren, die alles in einen trostlosen Atomismus verwandelten, widersprach sein Herz; ein Drittes schien es aber nicht zu geben. Der Engländer half sich in diesen Dingen von jeher mit dem bequemen Auskunftsmittel einer sauberen Zweiteilung: am Sonntag glaubt er an Gott und die Bibli-

sche Geschichte und an Werktagen an die Physik und den Börsen-
bericht, er vertauscht einen Tag in der Woche sein Hauptbuch mit
der Bibel und hat so der Religiosität und dem gesunden Menschen-
verstand in gleicher Weise Genüge getan. Für Carlyle jedoch war
ein solcher billiger Ausgleich unmöglich. Er empfand das Leben als
eine Einheit; es galt, diese Einheit zu finden oder völlig zu verzwei-
feln. Eine Weltanschauung mit doppeltem Boden, wie sie das ganze
achtzehnte Jahrhundert besaß und wie sie selbst einem so scharfen
und unerbittlichen Denker wie Kant keine Schwierigkeiten bot, war
für ihn überhaupt keine Weltanschauung. So drückte ihn denn die
Erkenntnis, daß die Welt nichts sei als eine »enorme, tote, unermeß-
liche Dampfmaschine«, vollständig zu Boden. Er befand sich damals in Stimmungen, in denen er allen Ernstes an Selbstmord dachte. Es war jene Epoche völliger Ratlosigkeit und nihilistischer Verzweiflung, die wir im Leben fast aller großen geistigen Potenzen
vorfinden. Es ist die Übergangszeit, in der der werdende Geist sich
einerseits nicht mehr rein aufnehmend zu verhalten vermag und
andererseits doch noch nicht die klaren Richtlinien einer kommen-
den Produktivität gefunden hat. Man hat bereits den geschärften
Blick für die Widersprüchlichkeit, Unvollkommenheit, ja Sinnlosig-
keit so vieler Dinge und Beziehungen des Daseins, und man hat
noch nicht das, was allein diesem Pessimismus und der hohen
Reizbarkeit, die die Vorbedingung alles genialen Schaffens bildet,
die Waage zu halten vermag: das klare und sichere Bewußtsein
einer Aufgabe.

In solchen äußerlich und innerlich traurigen Lebensumständen
befand sich Carlyle die nächsten drei Jahre in Edinburgh, die wahrscheinlich die unglücklichsten seines Lebens waren, bis im Sommer
1821 eine Art Wendung eintrat, die er selbst in seinen Lebenserinne-
rungen als seine »Bekehrung« bezeichnet. Zugleich hat er bezeugt,
daß die einzige Stelle im » *Sartor resartus*«, die für seine Lebensgeschichte als authentisch betrachtet werden darf, eben jene ist, die
von der Bekehrung des Helden handelt. Dieser erzählt, daß ihm, als
er eines Tages, von seinen Zweifeln gepeinigt, ruhelos durch die
Straßen irrte, eine plötzliche Erleuchtung kam: »Mit einem Male
stieg ein Gedanke in mir auf und fragte mich: Wovor fürchtest du
dich eigentlich? Warum willst du ewig klagen und jammern und
zitternd und furchtsam wie ein Feigling umherschleichen? Veräcbt-

licher Zweifüßler! Was ist die Summe des Schlimmsten, das dich treffen kann? Tod? Wohlan denn, Tod; und sage auch die Qualen Tophets und alles dessen, was der Mensch oder der Teufel gegen dich tun kann oder will! Hast du kein Herz? Kannst du nicht alles, was es auch sei, erdulden und als ein Kind der Freiheit, obschon ausgestoßen, Tophet selbst unter die Füße treten, während es dich verzehrt? So laß es denn kommen! Ich will ihm begegnen und ihm Trotz bieten. Und während ich dies dachte, rauschte es wie ein feuriger Strom über meine ganze Seele, und ich schüttelte die niedrige Furcht auf immer ab. Ich war stark in ungeahnter Stärke: ein Geist; fast ein Gott. Von dieser Zeit an war die Natur meines Elends eine andere.«

Worin bestand nun diese Bekehrung? Sie war im Grunde nichts anderes als jene entscheidende Wendung, die den Ausgangspunkt und das fortlaufende Thema der ganzen neueren Philosophie bildet, vom cartesianischen » *cogito ergo sum*« bis zu Kant und dessen Schülern: die sichere und tröstliche Erkenntnis von der Priorität des Ich; ein Durchbruch zur endgültigen Befreiung von allen mechanistischen und materialistischen Theorien, eine Erkenntnis, die keine bloße logische Schlußfigur ist, sondern eine Willenshandlung, ein philosophischer Akt, der stärkste und bestimmendste, den der Mensch begehen kann. So hat Fichte die Sache gefaßt, und so erschien sie auch Carlyle: nicht bloß als ein erkenntnistheoretisches, sondern ebensosehr und noch mehr als ein moralisches Phänomen: die Selbstsetzung des Ich.

Damit war ein fester Punkt gefunden; aber wohin ihn seine innere Bestimmung treibe, das wußte Carlyle immer noch nicht. In jener Zeit versuchte er es auch mit Versen, aber er kam bald zu der Einsicht, daß hier sein Wirkungsfeld nicht liegen könne. Wenn man unter einem Dichter einen Menschen versteht, der schöne Reime machen kann, so war Carlyle gewiß kein Dichter; für ihn, den es zeitlebens die größte Mühe gekostet hat, seine gärenden Ideenmassen überhaupt in irgendeiner geordneten Wortfolge zu äußern, mußte das Umgießen von Gefühlen und Gedanken in eine Form, die durch Metrum und Gleichklang genau bestimmt ist, eine völlige Unmöglichkeit bilden. Zudem, so sonderbar es klingen mag: seine Wahrheitsliebe sträubte sich auch dagegen. Sein Ziel war immer: das, was in ihm war, auszusprechen; genau so, wie er es empfand.

Wo aber das Gesetz der Schönheit an die erste Stelle tritt, da muß naturgemäß die Aufrichtigkeit kleine Konzessionen machen, und ohne Zurechtbiegen und Zurechtlügen geht es dabei niemals ab. Das Material, in dem Carlyle ein großer Dichter geworden ist, war ein ganz anderes. Was er am Ende seines Lebens in einem seiner Briefe einem jungen Dichter als Lebensaufgabe empfahl: »statt gereimter Verse ein gereimtes Leben zu versuchen«, das hat er selbst innerhalb der Grenzen der menschlichen Unvollkommenheit vollbracht.

Bald darauf bot sich ihm eine angenehme Stellung, die zu der Aufheiterung seines Gemütes das ihrige beitrug. Er wurde auf Irvings Empfehlung Hauslehrer bei den Söhnen eines Mr. Buller, zwei begabten und liebenswürdigen Knaben. Da ihn die Stellung nur unter Tags in Anspruch nahm, so blieb ihm genug Zeit für seine literarischen Arbeiten, und das ansehnliche Gehalt von jährlich zweihundert Pfund gab ihm völlige Unabhängigkeit und versetzte ihn in die Lage, seinen Bruder reichlicher als bisher zu unterstützen. Carlyle war gewöhnt, bei seinen Einnahmen immer mindestens ebensosehr an andere wie an sich selbst zu denken; und auch in späteren Jahren hat er nie eine größere Geldsendung erhalten, ohne seiner Mutter oder seinen Geschwistern etwas davon zu schicken.

In jene Zeit fallen seine zwei ersten größeren Publikationen: die Übersetzung des » *Wilhelm Meister*« und das » *Leben Schillers*«, das zuerst im » *London Magazine*« und ein Jahr später in Buchform erschien. Es zeigt Carlyle noch nicht in seiner vollen Originalität, aber die Methode, alles aus der gewaltigen menschlichen Persönlichkeit des Dichters zu entwickeln, war für England vollkommen neu, und die ganze Art, wie der Stoff aufgebaut und gegliedert ist, verrät bereits ein großes architektonisches Talent: es offenbart sich hier zum erstenmal jene Fähigkeit Carlyles, aus einer Fülle von verwirrenden Details immer das Wesentliche herauszugreifen und einen Lebensgang in seinem übersichtlichen Grundriß, gewissermaßen im Skelett vor dem Leser bloßzulegen. Indes: obgleich Carlyle Schillers Lebensschicksalen mit großer Lebendigkeit und Wärme zu folgen vermochte, schon weil sie den seinigen nicht ganz unähnlich waren, so stand doch schon damals nicht Schiller im Mittelpunkte seines Interesses. Was ihn an Schiller nicht völlig befriedigte, war dies, daß seine ganze Weltanschauung im wesentlichen rein ästhetisch orientiert war: die Kunst erscheint bei ihm als Zentralphänomen des menschlichen Lebens und höchstes Endziel aller Kultur. Dazu kam, daß Carlyle zu Kant, ohne den eine völlige Würdigung Schillers und der klassischen Ästhetik nicht möglich ist, keine rechte Beziehung finden konnte. Die Hauptperson der deutschen Literatur war für ihn Goethe.

Es mußte daher ein großes und beglückendes Ereignis in Carlyles Leben bedeuten, daß gerade Goethe einer der allerersten Menschen war, die sein Talent und seine Eigenart erkannten. Er hatte ein Exemplar seiner Übersetzung des »Meister« nach Weimar geschickt, Goethe hatte in freundlichster Weise geantwortet, und es entwickelte sich ein ziemlich reger Briefwechsel und Austausch von Büchern und kleinen Aufmerksamkeiten, der bis zu Goethes Tode andauerte. Über Carlyles » *Life of Schiller*« schrieb Goethe unter anderem: »Lassen Sie mich vorerst, mein Theuerster, über Ihre Biographie Schillers das Beste sagen. Sie ist merkwürdig, indem sie ein genaues Studium der Vorfälle seines Lebens beweist, so wie denn auch das Studium seiner Werke und eine innige Teilnahme an denselben daraus hervorgeht. Bewunderungswürdig ist es, wie Sie sich auf diese Weise eine genügende Einsicht in den Charakter und das hohe Verdienstliche dieses Mannes verschafft, so klar und so gehörig, wie es kaum aus der Ferne zu erwarten gewesen. Hier bewahrheitet sich jedoch das alte Wort: ›Der gute Wille hilft zu vollkommener Kenntnis.‹ Denn gerade, daß der Schotte den deutschen Mann mit Wohlwollen anerkennt, ihn verehrt und liebt, dadurch wird er dessen treffliche Eigenschaften am sichersten gewahr, dadurch erhebt er sich zu einer Klarheit, zu der sogar Landsleute des Trefflichen in früheren Tagen nicht gelangen konnten.« Goethe veranlaßte auch eine deutsche Übersetzung des Buches, zu der er ein Vorwort schrieb. Wie er über Carlyle im allgemeinen dachte, zeigen die Worte, die er am 25. Juli 1825 zu Eckermann sprach und die zugleich die vollständigste Charakteristik des damaligen Carlyle enthalten: »An Carlyle ist es bewunderungswürdig, daß er bei Beurteilung unserer deutschen Schriftsteller besonders den geistigen und sittlichen Kern als das eigentlich Wirksame im Auge hat. Carlyle ist eine moralische Macht von großer Bedeutung. Es ist in ihm viel Zukunft vorhanden, und es ist gar nicht abzusehen, was er alles leisten und wirken wird.«

Der Unterricht bei den jungen Bullers dauerte zwei Jahre; bald darauf unternahm Carlyle seine erste größere Reise. Er begab sich zunächst im Segelschiff, das damals noch das gebräuchlichere Beförderungsmittel war, nach London, wo er eine Reihe interessanter Personen kennenlernte, darunter Coleridge, den damaligen Literaturpapst, den er jedoch für »einen Mann von großem, aber nutzlosem Genie« erklärte, er sah Stratford, Birmingham und schließlich Paris. Die ausführlichen Schilderungen, die er in seinen Briefen von diesen Städten gibt, zeigen ihn als einen Beobachter von außerordentlicher Schärfe und Genauigkeit; die Landschaft, die Menschen, die Geselligkeit, das Straßentreiben, sogar die charakteristischen Geräusche: alles dies ist mit lebendigster Anschaulichkeit wiedergegeben.

Kurz nach seiner Rückkehr verlobte er sich mit Jane Welsh. Er war mit der jungen Dame schon fünf Jahre früher durch Irving bekannt geworden, der ihr Lehrer war. Sie lernten einander bald schätzen, und es entstand zwischen ihnen eine Freundschaft, die im Anfang einen rein literarischen Charakter trug. Wenn sie einander nicht sahen, so schrieben sie sich Briefe, in denen jedoch von Liebe nicht die Rede war. Anfangs hatte Carlyle es versucht, den Ton konventioneller Ritterlichkeit anzuschlagen, doch Miß Welsh hatte ihn in liebenswürdiger, aber bestimmter Weise ersucht, dies zu unterlassen. Der Mann, den sie liebte, war Irving, und es scheint, daß auch er ihre Gefühle erwiderte; aber er war nicht mehr frei. Wir haben uns unter der damaligen Miß Welsh eine geistig sehr selbständige, außergewöhnlich kluge und gebildete Dame von feinen und anziehenden Umgangsformen und sehr angenehmem Äußern vorzustellen, die ihre lateinischen Klassiker ebensogut zu lesen verstand wie ein Edinburgher Student und die sich für die literarischen und philosophischen Bestrebungen der Zeit eingehend und verständnisvoll interessierte. Ihr Gespräch war geistvoll, heiter, belebt, nicht ohne Spott und Ironie. Sie hatte Carlyle sogleich als einen ungewöhnlichen und genialen Menschen mit unberechenbaren geistigen Möglichkeiten erkannt, und dieser wiederum war glücklich, auf ein feines weibliches Nachempfinden zu treffen. Miß Jane wünschte nichts sehnlicher, als einen so bedeutenden Menschen von den Sorgen und Hemmnissen des täglichen Lebens befreit zu sehen, und sie sah schließlich ein, daß der einzige Weg für sie, ihm hierbei nach Kräften zu helfen, eben nur die Ehe war. Dieser mehr vernunftmäßigen Erwägung ist es zuzuschreiben, daß eine Heirat zustande kam, an die sie zunächst durchaus nicht gedacht hatte. Im Herbst 1826 wurden sie vermählt und bezogen eine kleine Wohnung in Edinburgh, Comely Bank.

Über diese Ehe, die vierzig Jahre währte, ist, zumal von englischer Seite, vieles und Widersprechendes gesagt und geschrieben worden. Was einstimmig zugegeben wird und wohl auch nicht gut geleugnet werden kann, ist dies, daß beide zwei außerordentliche und sowohl geistig wie moralisch ungemein hochstehende Menschen gewesen sind. Daß die Ehe Frau Carlyle manches Bittere gebracht hat, war bei dem Charakter ihres Mannes selbstverständlich und wurde von ihr gar nicht anders erwartet. Carlyle war nichts weniger als ein » *homme à femmes*«: epochemachende Denker und Gelehrte pflegen dies überhaupt selten zu sein. Aber auch für den gewöhnlichen Ehemann fehlten ihm so gut wie alle Voraussetzungen. Er war von Jugend auf an ein ungeselliges Leben gewöhnt, ja, er brauchte die Einsamkeit als notwendige Vorbedingung seines Schaffens. Er hat sich daher selbst öfters einen »Beduinen« genannt. Tagsüber war er rastlos geistig tätig: schreibend, lesend oder auch nur stumm mit seinen werdenden Gedanken ringend; und bei alledem mußte er allein sein. Noch mehr: der geringste Lärm brachte ihn außer sich. Ein Hühnerhof oder eine Jagd in seiner Nähe waren für ihn eine Katastrophe. In dem allergrößten Teil seiner Briefe befinden sich Bemerkungen über lästige Geräusche, vor allem über die ihm besonders verhaßten krähenden Hähne. Schopenhauers Klagen über Peitschenknallen und dergleichen waren auch die seinigen. Nachts konnte er aus demselben Grunde nur schwer die Ruhe finden: sein Schlafzimmer mußte ganz isoliert liegen. Die wenigen Erholungsstunden, die er sich gönnte, gehörten der Zigarre oder der Pfeife, die er sehr liebte, nächtlichen Wanderungen durch die Stadt und Spazierritten, die er seiner Dyspepsie wegen unternahm. Die Mahlzeiten erschienen ihm oft nur als unwillkommene Störung, zumal wenn er in einer Arbeit steckte. Er konnte zehn Seiten täglich übersetzen, was bei der großen Sorgfalt, mit der er das tat, eine enorme Leistung ist, oder zehn Stunden hintereinander lesen: die fünfundzwanzig Bände Diderot zum Beispiel, die er als Vorbereitung für seinen Essay durchzuarbeiten hatte, erledigte er in drei Wochen. Man wird zugeben, daß in einem solchen Leben eine Lebensgefährtin wenig berücksichtigt, aber andererseits auch nicht unumgänglich notwendig ist.

Dazu kam, daß Carlyle das war, was man einen Haustyrannen zu nennen pflegt. Er war in seinen körperlichen Bedürfnissen durchaus nicht verwöhnt; ein gutes Bett, eine ruhige Stube (unter Ruhe verstand er Grabesstille), sorgfältig zubereitetes Essen, das er schon seines Magenleidens halber brauchte, Und minutiöse Sauberkeit: das war so ziemlich alles, was er verlangte; wenn aber diese bescheidenen Ansprüche nicht peinlich erfüllt wurden, so konnte er sehr unangenehm werden. Er war den kleinen Dingen des Daseins gegenüber gänzlich hilflos, und wir finden auch bei ihm, wie bei so vielen geistigen Kapazitäten, eine große Kraft im Ertragen großer Leiden und Schicksalsschläge vereinigt mit völliger Widerstandsunfähigkeit gegen die Nadelstiche des Alltagslebens. Der Ruß der Eisenbahn, die Unzuverlässigkeit eines Lieferanten, die Nachlässigkeit der Dienstboten, die Mißhelligkeiten eines Umzugs, alle diese selbstverständlichen und unvermeidlichen Dinge geben ihm in seinen Briefen immer wieder Gegenstand zu den beweglichsten Klagen.

Alles dies, wozu noch in den ersten Jahren der Ehe materielle Beschränktheit kam, erforderte wohl ein großes Maß von Aufopferung; aber Jane Carlyle hat es besessen, ja, sie hat sich nie auch nur darüber beklagt. Sie wußte, wen sie zum Manne genommen hatte, und sie wußte, daß der Preis, den die Natur für Genie und ungewöhnlichen Geist zu verlangen pflegt, in dem Mangel an gewöhnlichen bürgerlichen Tugenden besteht; und sie hat diesen Preis gern bezahlt, der um so größer war, als Carlyle ihre Aufopferung gar nicht besonders anerkannte. Ebenso wie er es für etwas ganz Selbstverständliches hielt, daß er bei seinen Einkünften stets mehr an seine bedürftigen Eltern und Geschwister als an sich dachte und alles, was er besaß, in uneigennützigster Weise mit ihnen teilte, ebenso fand er es nur natürlich und angebracht, daß seine Frau mehr an sein als an ihr Wohlbefinden dachte, indem sie die ganze Last des Hauswesens auf sich nahm und ihrem zarten Körper oft zu viel zumutete. Er hat sie gewiß sehr geliebt, auf seine Art; aber es war ihm nicht gegeben, seine Liebe in der Weise zu zeigen, wie Frauen es wünschen; auch er war ein »unartikulierter Mensch«, wie er seinen Cromwell nennt; er konnte oft gerade seine tiefste Zärtlichkeit nicht mit Worten aussprechen, eher noch in den liebevollen und teilnehmenden Briefen, die er aus der Ferne an seine Gattin richtete. Aber auch hier geht der Ton nie über das Maß milder Freundschaft hinaus, er redet zu ihr bestenfalls wie zu einem Lieblingstöchterchen. Wir dürfen nach allem wohl annehmen, daß Frau Carlyle in dieser Ehe nicht glücklich war. Aber wir müssen uns fragen, ob sie überhaupt glücklich sein wollte. Sie hätte zweifellos das erlangen können, was man eine »Partie« nennt, denn sie hatte Bewerber genug; aber sie zog es vor, das Leben des düsteren, dyspeptischen schottischen Propheten zu teilen und die einzige Belohnung in dem Bewußtsein zu finden, daß sie, soweit eine Frau dies vermag, das ihrige dazu getan hatte, um eine große moralische und geistige Kraft zu fördern und zu ihren besten Möglichkeiten zu steigern. Denn obschon Carlyle niemandem in seiner Umgebung einen entscheidenden Einfluß auf seine Gedankenbildung einräumte, so hat sie ihn doch auch geistig vielfach unterstützt; er anerkannte stets, daß sie seine klügste und unparteiischste Kritikerin sei, und ihre Briefe und Erinnerungen, die erst nach ihrem Tode veröffentlicht wurden, zeigen, daß sie eine zweifellos hochbedeutende Frau gewesen ist.

Nur die ersten anderthalb Jahre ihrer Ehe verbrachten Carlyles in Edinburgh; dann übersiedelten sie nach Craigenputtock, dem Familiengute der Welshs. Dieser Ort wird von Froude, Carlyles ausführlichstem Biographen, in sehr düsteren Farben geschildert. Er nennt ihn »*the dreariest spot in all the British dominions*«. »Das nächste Bauernhaus ist mehr als eine Meile entfernt. Die hohe Lage hindert die Bäume am Wachstum. Das Haus mit seinen Feldern liegt wie eine Insel in einem Sumpfsee. Die Monotonie der Landschaft ist durch keinerlei Anmut oder Großartigkeit unterbrochen.« Wir haben jedoch Grund, anzunehmen, daß es nicht ganz so schlimm war. Als Goethe um jene Zeit Carlyle den Wunsch aussprach, etwas über seine näheren Lebensumstände zu erfahren, hat dieser eine ausführliche Schilderung der Lokalität gegeben, und da sieht das Bild wesentlich freundlicher aus. Für die immer etwas kränkelnde Mistress Carlyle war es freilich nicht der richtige Aufenthalt. Carlyle jedoch, niemals gewohnt und geneigt, auf die Vorgänge der Umwelt zu achten, ahnte nicht, wie schädlich das rauhe, feuchte und stürmische Klima Craigenputtocks für seine Frau war.

Dem » *Wilhelm Meister*«, der in England eine sehr geteilte Aufnahme fand, obgleich die Übersetzung als ein Meisterwerk anerkannt wurde, waren weitere Übertragungen gefolgt: vier Bände »*Specimens of German romance*«, Probestücke aus Musäus, La Motte Fouqué, Tieck, E. Th. A. Hoffmann, Jean Paul, Goethe, mit biographischen und kritischen Einleitungen. Francis Jeffrey, der damalige Chefredakteur der »*Edinburgh Review*«, war auf Carlyle aufmerksam geworden, und da er außerdem ein entfernter Verwandter von Frau Carlyle war, so traten sie bald in Beziehung zueinander und Carlyle wurde zur Mitarbeiterschaft aufgefordert. Das Resultat der Annäherung dieser beiden so sehr verschieden gearteten Männer war eine Reihe von größeren Beiträgen, die Carlyle in den nächsten sechs Jahren lieferte; er arbeitete aber auch gleichzeitig für die » *Foreign Review*«, die » *Foreign Quarterly Review*«, die » *Westminster Review*« und Frasers Magazin. Die Gesamtproduktivität jener Zeit ist sehr bedeutend; am wichtigsten sind die umfangreichen Monographien über Jean Paul, Burns, Novalis, » *Goethes works*«, Diderot, Johnson und das Nibelungenlied; daneben laufen eine Menge kleinerer Aufsätze über historische und literarische Themen. Die Grundlinien von Carlyles Lebensanschauung sind in diesen Untersuchungen mit fortschreitender Klarheit und Schärfe ausgeprägt; der Ton wird immer bestimmter, die Darstellung immer voller und beziehungsreicher. So findet sich zum Beispiel in den Aufsätzen über Diderot und Voltaire Carlyles Auffassung von der Französischen Revolution bereits vollständig vorgebildet: sie sei ein lediglich negativer Abschnitt in der menschlichen Geschichte gewesen, dessen Aufgabe darin bestand, falsche Götzen zu zertrümmern, eine Zeit des Unglaubens, fruchtbar im Zerstören, aber unfähig, etwas Dauerndes und Lebensfähiges zu erzeugen, ein Strohfeuer, das eine Zeitlang den Himmel verdüsterte, »aber die Sterne sind noch immer da und werden eines Tages wieder leuchten«. Die Bedeutung des Humors ist in dem Essay über Jean Paul schon ganz in dem Sinne erfaßt, den Carlyle ihm sein ganzes Leben hindurch beilegte: er kommt ebensosehr aus dem Herzen wie aus dem Kopf, seine Wurzel ist nicht Verachtung, sondern Güte, Mitgefühl, »warme brüderliche Sympathie mit allen Daseinsformen«. Und in dem

Aufsatz über Boswells »Leben Johnsons« tritt uns zum erstenmal der Begriff der » hero-worship« entgegen. Der lächerliche, aufgeblasene, törichte Boswell verwandelt sich in einen bewunderswerten Menschenkenner, sobald er von seinem Helden Johnson spricht: die liebevolle verehrende Begeisterung für den höheren ermöglicht es einem der oberflächlichsten und wertlosesten Menschen, eine der tiefsten und wertvollsten Biographien zu schreiben. Carlyles eigener Held aber war Goethe. Er wird nicht müde, immer wieder diese Erscheinung seinen Landsleuten zu erklären und nahezurücken. Gerade hierin aber fand er den größten Widerstand. Man hielt in England die ganze neue deutsche Literatur für einen Versuch, überwundenen Standpunkten wieder Geltung zu verschaffen; Goethe erschien den meisten als ein Mensch, der sich in abstruse Mystik verloren hatte; seine Werke waren wenig bekannt und man fühlte kein Bedürfnis, diese Bekanntschaft zu erweitern. In der deutschen Literaturgeschichte William Taylors, der einzigen, die es gab, gipfelte die Entwicklung in Kotzebue. Zudem fand die Methode, die Carlyle in seinen Essays damals schon mit großer Vollkommenheit handhabte, wenig Verständnis. Das Interesse an historischen und ästhetischen Untersuchungen war durchaus nicht gering; schon die große Zahl ernster und gediegener Revuen beweist dies. Aber man verstand darunter etwas anderes als Carlyle. Ihm war es vor allem darum zu tun, eine Persönlichkeit aus dem innersten Kern ihres eigenen Wesens heraus zu erhellen und so gewissermaßen selbstleuchtend zu machen, während die damals gebräuchliche und beliebte Betrachtungsart sich damit begnügte, nur von außen Licht auf ihren Gegenstand fallen zu lassen, wobei sie naturgemäß nur die Oberflächen der Sache treffen konnte; aber diese verstand sie freilich glänzend zu beleuchten. So entstand die Kunstform der durch wissenschaftliche Gründlichkeit, umfassende Bildung und Menschenkenntnis und feine geschmackvolle Form veredelten Plauderei, und sie wurde zum Lieblingsgenre des Publikums. Ihr bedeutendster und populärster Vertreter ist Macaulay. Seine berühmten » Essays« sind Unterhaltungsliteratur im allerbesten Sinne des Wortes. Er besitzt die Gabe, ernste und spröde Themen einem breiten Leserkreis, dessen Bedürfnisse auf seichte Romane eingestellt sind, anziehend und genießbar zu machen, und er vergibt sich dabei niemals das geringste. Die Solidität und Vielseitigkeit seiner Kenntnisse ist außerordentlich, ohne jemals aufdringlich hervorzutreten;

seine Untersuchungsweise ist ruhig, vornehm und klug, sein Stil von mustergültiger Klarheit und Anmut.

Man halte nun dagegen Carlyle, den Bauernsohn aus Annandale, dem die Form nichts, das Gefühl alles ist, dessen Sätze dahinschießen wie die Wasser eines Gebirgsbachs über Steine und Gestrüpp, dessen Gedanken sich gewaltsam nach außen entladen wie die glühenden Eruptionen eines Vulkans, der niemals bereit war, einer anderen Partei zu dienen als der Sache, die er darzustellen hatte, der überhaupt unter Kritik niemals Tadel verstand, sondern begeistertes Nacherleben. »Bevor wir einem Manne vorwerfen, was er nicht ist, sollten wir uns lieber klarmachen, was er ist«: in diesen Worten lag Carlyles kritisches Programm. Selbst seine Abhandlung über Voltaire, den er als seinen Antipoden empfindet, wurde unwillkürlich zu einem künstlerischen Gemälde des großen literarischen Revolutionärs. Für die » *Edinburgh Review*«, die einflußreichste und angesehenste aller damaligen Zeitschriften, war aber Kritik in erster Linie Bemängelung, Aufdecken von Fehlern und Irrtümern, Besserwissen. Vor allem waren bestimmte Regeln zu beobachten, deren Vernachlässigung man sozusagen am Korrekturrand peinlich vermerkte; und auch die politische Richtung eines Künstlers war keineswegs gleichgültig. So wurde zum Beispiel Burns verurteilt, weil er nicht gesetzmäßig gedichtet hatte, und als Carlyle nachwies, daß gerade das Ursprüngliche, Naturwüchsige dieses Poeten seine Genialität ausmache, stieß er auf großen Widerspruch. Seine Verehrung für Goethe erschien Jeffrey als » *foeda superstitio*,« die ganze Vorliebe für die deutsche Literatur als »Extravaganz «. Es kam infolgedessen zu mancherlei Reibereien, zumal Carlyle nicht die geringsten Konzessionen machte und bei aller Bescheidenheit, die er von Natur besaß, dennoch im literarischen Verkehr jenes selbstbewußte diktatorische Wesen zur Schau trug, das aus der Überzeugung entspringt, daß man die Wahrheit besitzt. Er ist deshalb in dieser Rücksicht bisweilen mit Johnson verglichen worden. Doch darf man andererseits nicht verkennen, daß Jeffrey seine Gaben vollauf würdigte und den besten Willen hatte, ihn zu fördern; auch hatte er mit manchen Schwächen, die er ihm vorhielt, wie »Wortreichtum« und »Neigung zum Übertreiben«, gar nicht so unrecht, obgleich sie zu der ganzen geistigen Physiognomie Carlyles notwendig gehören, und daß er diese neuartige und in

England unerhörte Erscheinung völlig hätte verstehen sollen, kann man billigerweise nicht verlangen. Und wenn er auch nicht Carlyles bester Kritiker war, so war er doch einer seiner wohlwollendsten Freunde, indem er ihn unermüdlich, oft gegen seine eigenen Ansichten nach allen Richtungen unterstützte. Als sich herausstellte, daß Carlyle möglicherweise von seinen Arbeiten nicht auskömmlich werde leben können, tat er alles, um sie günstig zu placieren, und bot ihm sogar aus seiner eigenen Tasche ein Jahresgehalt von hundert Pfund. Doch Carlyle lehnte das Anerbieten ab; er haßte jede Abhängigkeit, auch die, welche aus allzugroßer Dankesschuld entspringt.

Während Carlyle eine so vielseitige und ausgedehnte publizistische Tätigkeit entfaltete, arbeitete er daneben in aller Stille an der Vollendung eines Werkes belletristischer Natur, des ersten und letzten dieser Gattung, das er geschrieben hat, wenn man es überhaupt dahin rechnen darf, denn man ist in Verlegenheit, als was man den nachmals so berühmten » Sartor resartus« ansprechen soll. Seiner Anlage und Bestimmung nach muß man ihn in die große Gruppe der »Bekenntnisromane« einreihen; die Form ist jedoch noch lockerer, als es bei diesem Genre von jeher üblich war. » Life and opinons of Herr Teufelsdroeckh« lautet der Untertitel: aber Leben und Meinungen des Helden sind nicht zu einem organischen Ganzen ineinandergearbeitet, sondern laufen getrennt nebeneinander her. Obgleich das Buch gewiß keine genaue und gegenständliche Beschreibung von Carlyles eigenen Lebensschicksalen ist, so kann man es doch in einem höheren Sinne eine Autobiographie nennen, insofern es eine Darstellung der geistigen Kämpfe und Ergebnisse bildet, die Carlyles erste Lebenshälfte erfüllt haben. In der äußeren Einkleidung knüpft es an jene literarischen Mystifikationen an, die seit Jean Paul und den Romantikern oft angewendet worden sind und etwa in Kierkegaard ihren Höhepunkt erreichen, der sich bisweilen als Herausgeber des Herausgebers geriert, und dann noch unter Pseudonym. Ein höchst bizarres Buch, vielleicht der echteste Carlyle, den wir besitzen, aber eben darum auch mit allen Absonderlichkeiten und Schwerverständlichkeiten Carlyles behaftet, dazu noch im Zustand unfertiger Halbreife, auch äußerlich unvollendet, da es plötzlich abbricht; ein genialischer Torso, von dem man ohne Verwunderung vernimmt, daß er von dem damaligen englischen

Publikum, das noch nicht einmal Carlyles Vorbilder kannte, nicht im geringsten verstanden wurde. Zunächst erschien das Werk in Fortsetzungen in Frasers Magazin; es regnete erbitterte Zuschriften der Abonnenten über den »tollen Schneider«; die Zeitschrift » Sun« erklärte es in einer Kritik für eine »Sammlung verrückten Unsinns«. Heute ist es eines der gelesensten englischen Bücher; es gehört aber sicher nicht zu Carlyles Meisterwerken, und der deutsche Geschmack hat sich auch nie damit befreundet. Carlyle war kein Romanschriftsteller, er war weniger und mehr als das.

Damals konnte Carlyle für das Buch keinen Verleger finden; die Reise, die er zu diesem Zwecke nach London machte, verlief resultatlos. Sie gewährte ihm aber doch insoweit einige Befriedigung, als er sehen konnte, daß er kein ganz Unbekannter mehr war; besonders die heranwachsende junge Generation ergriff für ihn Partei. Auch lernte er in London einige neue wertvolle Persönlichkeiten kennen, so vor allem Leigh Hunt und John Stuart Mill. Mit beiden blieb er befreundet, obgleich der letztere sich später in seiner geistigen Entwicklung sehr weit von ihm entfernte. Kurz nach seiner Rückkehr erfuhr er eine weitere Anerkennung, die ihn nicht weniger erfreute, durch den Besuch eines jungen Amerikaners, der in vielem eine ähnliche Entwicklung genommen hatte wie er und nun gekommen war, den um acht Jahre älteren Geistesgenossen seiner Zustimmung und Bewunderung zu versichern. Es war Ralph Waldo Emerson, dessen Name mit dem Carlyles so oft zusammen genannt zu werden pflegt. Auch Emerson war von der Theologie ausgegangen und nach ernsten inneren Konflikten schließlich auf das eigene Ich als den einzigen würdigen und sicheren Gegenstand menschlichen Forschens zurückgelenkt worden. Auch er hatte in einer Welt, die der Industrialisierung zu verfallen drohte, den Kampf gegen die Alleinherrschaft des Dollars aufgenommen. Und die schriftstellerische Wirksamkeit, die er dann entwickelte, erinnert in vielem an Carlyle, wobei es sich weniger um eine Beeinflussung durch diesen als um eine natürliche innere Solidarität handelt. Wenn man etwa Emersons » Representative men« mit Carlyles » Heroworship« vergleicht, so springt die Ähnlichkeit, die bis in die äußere Architektonik geht, sofort in die Augen. Obgleich die beiden sich nur selten sehen konnten und hauptsächlich auf den Briefverkehr beschränkt waren, so bestand doch zwischen ihnen von allem Anfang an eine herzliche und bis zum Schlusse ungetrübte Freundschaft, und sie erkannten sogleich bei der ersten Begegnung die tief begründete Wahlverwandtschaft, die sie verband. Doch darf man über dem Übereinstimmenden auch nicht die Verschiedenheiten übersehen. Emerson war die harmonischere und ausgeglichenere, aber auch die weichere und zerfließendere Natur. Beide wirken vermöge ihrer vollendeten Ursprünglichkeit und Echtheit wie eine Naturkraft, nur daß Carlyles Art die elementare Wucht eines alles mit sich fortschwemmenden, über seine eigenen Ufer tretenden wilden Gewässers hat, während Emersons Erscheinung mehr an das sanfte Dahingleiten eines Wiesenflusses erinnert, der sich langsam und friedlich sein Bett gräbt. Etwas vom Prediger hatten beide; aber Emerson ist kein ungestümer, zürnender Prophet wie Carlyle, sondern spielt mehr die Rolle eines milde überredenden Pastors. Emersons konzilianter Optimismus enthält in der Tat, besonders in späterer Zeit, bisweilen etwas »Mondschein«, wie Carlyle es in seinen letzten Lebensjahren auszudrücken pflegte. Auch Emerson vermag allem, was er sagt, den geheimnisvollen, beziehungsreichen Charakter des Unendlichen zu geben, so gut wie Carlyle, aber der unbegrenzte Ozean, in dem wir uns bei ihm befinden, enthält im ganzen zu wenig Salz, wir schwimmen in einem Meer von Süßwasser; womit aber andererseits wieder zusammenhängt, daß Emerson die ruhigere Hand hat.

In der Vorrede, die Carlyle im Jahre 1841 zu Emersons Essays schrieb, nennt er diese sehr treffend » *a true soul's soliloquy*«. Es ist damit das Gemeinsame beider bezeichnet und zugleich die Grenzlinie, die ihn von seinem Freunde schied. Immer mehr zog sich dieser auf sich selbst zurück, es genügte ihm, wenn es ihm gelang, die Einwirkungen der Außenwelt in seiner Seele zu einer inneren Harmonie zu bringen. Keine der Schriften Carlyles könnte man einen Monolog nennen; sie tragen ausnahmslos dialogischen und rhetorischen Charakter. Carlyle spricht immer zu einem fiktiven Hörer oder vielmehr zu einer Menge von Hörern, die er mit allen Mitteln belehren, widerlegen, anfeuern will. Still die Dinge auf sich wirken zu lassen, war nicht seine Sache; er wollte vielmehr auf die Dinge wirken. Worin sich Emerson und Carlyle aber immer wieder fanden, das war die Liebe zur Wahrheit.

Das Jahr 1832 brachte Carlyle zwei Verluste, die er, jeden in seiner Art, sehr tief empfand: den Tod seines Vaters und Goethes; dazu kamen die literarischen und materiellen Mißerfolge und der zunehmende Überdruß an dem in vieler Hinsicht doch recht beschwerlichen und monotonen Leben in Craigenputtock. So wurde denn die endgültige Übersiedlung nach London beschlossen, und nach Überwindung von allerlei Schwierigkeiten zog man in der neuen Wohnung in Chelsea, Cheyne Row 5, ein. In diesem Hause hat Carlyle sein ganzes ferneres Leben verbracht. Die Vorstadt Chelsea bot in glücklicher Verbindung die Vorteile des Landes und der Stadt; soweit es ihm bei seinem Temperament überhaupt möglich war, hat sich Carlyle dort recht wohlgefühlt.

Damit schließt die erste Lebenshälfte Carlyles ab. Es beginnt jetzt nicht bloß äußerlich, sondern auch innerlich ein neuer Abschnitt. Bisher war Carlyles geistiges Schaffen vorwiegend literarisch orientiert gewesen, und dies konnte gar nicht anders sein. Er war ein Suchender gewesen und da ergab sich ihm naturgemäß die Vermutung, daß ihm die Welt der Bücher Aufschluß und Trost geben könne. Und gerade jene Führer, die er sich erwählt hatte, die deutschen Dichter und Denker des achtzehnten Jahrhunderts, mußten diese Richtung noch in ihm verstärken und vertiefen. Ganz Deutschland war um die Wende des achtzehnten Jahrhunderts in Literatur aufgelöst, das Leben war zu einem philosophischen Dialog geworden, nur Goethe hatte die von niemand begriffene Wendung zur Wirklichkeit genommen. Wie Faust begann auch Carlyle zunächst mit der Introspektion und als Stubengelehrter. Aber nun sollte seine geistige Entwicklung die entscheidende Richtung aufs Leben nehmen. Dies bedeutet, obschon es in seiner ganzen Natur tief angelegt und lange vorbereitet war, eine vollständige Umwandlung der Prinzipien, Methoden und Ziele, die von nun an seine Geistestätigkeit organisieren.

Der große wirtschaftliche und industrielle Aufschwung, in dem England seit dem Beginn des Jahrhunderts begriffen war, hatte nicht eine entsprechende Verbesserung der sozialen Zustände zur Folge gehabt. Man stand damals noch ausschließlich auf dem Standpunkte der Lehren der »klassischen Nationalökonomie«: zu einer Arbeitergesetzgebung waren nicht einmal Ansätze vorhanden. Schon 1819 war es in Manchester zu einer bewaffneten Revolte des

Proletariats gekommen; andere gewaltsame Reformversuche folgten. Irland befand sich in fortwährender Gärung, die Lostrennung von England wurde teils mit friedlichen, teils mit kriegerischen Mitteln ungestüm und unablässig betrieben. Diese beiden Bewegungen, durch geschickte Agitatoren wie O'Connell und O'Connor verstärkt und beschleunigt, vereinigten sich zu dem allgemeinen dringenden Ruf nach Reformen. »*The people's charter*« und »*The repeal of the union*« waren die aufregenden Losungsworte der Dreißiger- und Vierzigerjahre. Als dritter Faktor der Unzufriedenheit kamen noch die Gesetze über die Kornzölle hinzu, die dadurch, daß sie jegliche Einfuhr fremden Getreides verboten, die einheimischen Preise immer höher hinauftrieben und nun auch die bürgerlichen Kreise Englands der Opposition zuführten. Es kam zur Bildung der »*Anti-corn-law-ligue*«, die aber sehr bald allgemein politischen Charakter annahm. In Irland kam es zu Hungersnot und Auswanderung, in den Fabrikstädten zu tumultuarischer Arbeitsverweigerung (einen organisierten Streik gab es damals noch nicht), im Parlament lösten Torys und Whigs einander ununterbrochen ab, ohne daß eine der beiden Parteien etwas allgemein Befriedigendes zustande brachte. Die Chartisten beriefen sich auf die modernen Staatstheorien und forderten allgemeines und gleiches Wahlrecht, geheime Abstimmung, jährliche Neuwahlen und dergleichen; die Liguisten beriefen sich auf die modernen Wirtschaftsprinzipien und verlangten Aufhebung aller Zölle und sonstigen staatlichen Eingriffe in Handel und Gewerbe; die Iren schließlich waren nicht weit entfernt von anarchistischen Grundsätzen.

In diesen Wirren war der weitaus einsichtigste, vorurteilsloseste und weitblickendste Kopf Sir Robert Peel, der, anfangs strenger Tory, allmählich eine liberalere Richtung eingeschlagen hatte und, mit bewunderungswürdiger Anpassungsfähigkeit an die Tatsachen, zwischen den extremen Wünschen und Antrieben der Parteien die Mitte zu halten verstand. Daß Carlyle zu seinen persönlichen Anhängern zählte, ist nicht erstaunlich. Er erkannte, daß dieser Staatsmann, den seine Gegner schwach und inkonsequent schalten, weil er häufig das Programm wechselte, dies eben aus einem sehr gesunden Wirklichkeitssinn tat, indem er nicht nach einer starren Parteidoktrin vorging, sondern sein Verhalten nach den jeweiligen Umständen und Gegebenheiten richtete. So gelang es ihm, die irische Frage wenigstens soweit zu regeln, daß es nicht zu einer Katastrophe kam, die Chartistenbewegung in parlamentarische Formen zu lenken und die Abschaffung der Kornzölle durchzusetzen.

Unter dem Eindrucke dieser Ereignisse vollzog sich in Carlyle die entscheidende Wendung von der Literatur zur Geschichte und Soziologie. Er lebte jetzt in der größten, belebtesten und modernsten Stadt Europas und war gezwungen, sich mit den Wirklichkeiten, die ihn umgaben, auseinanderzusetzen. Es war ihm unmöglich, eine Zweiteilung in Theorie und Praxis vorzunehmen, sich nur mit seiner eigenen inneren Vervollkommnung zu beschäftigen und die Vervollkommnung der äußeren Beziehungen der Menschen anderen zu überlassen, das stille Dasein eines Denkers oder Künstlers zu führen und bloß neben dem Leben zu schaffen und zu gestalten, ebenso wie es ihm seinerzeit unmöglich gewesen war, in Glaubenssachen Theorie und Praxis voneinander zu trennen. Er sah die Mißstände und er fühlte sich gezwungen und verpflichtet, über sie zu sprechen. Aber er war weit davon entfernt, in einem unklaren und unverständigen Radikalismus das Heil zu sehen. Er blickte tiefer. Er sah, daß diese vielfachen Schäden nicht durch notdürftige äußere Reparaturen zu heilen waren, sondern daß die Wurzel des Übels entfernt werden mußte. Die meisten Menschen, auch die wohlwollendsten und vernünftigsten, verwechselten, wie das so oft vorkommt, die Symptome mit der Krankheit und glaubten, es genüge, diese Symptome zu entfernen. Die Entwicklung der Technik, des Verkehrs und des Handels hatte zur Folge gehabt, daß man glaubte, diese Kräfte seien die einzigen realen, das Resultat davon war ein erschreckender Mangel an allen höheren Impulsen. Die Gesellschaft befand sich damals in den Anfangsstadien jener Krankheit, die wir heute als »Amerikanismus« bezeichnen. Der Mensch drohte zu einem bloßen häßlichen Automaten zu werden, der nicht durch edle Begeisterung und große Ideen, sondern durch Geldstücke in Bewegung gesetzt wird. Nichts Geistiges war mehr in den Beziehungen der Menschen zueinander. Die Armen waren zu stumpfen Arbeitsmaschinen geworden, die Reichen zu ebenso stumpfen Genußmenschen. In allen Schichten der Gesellschaft erblickte Carlyle die Anzeichen der Entartung: der Adel hat sich von seiner ursprünglichen Bestimmung, zu regieren, abgewandt und vertreibt sich die Zeit mit müßigem Sport; die Geistlichkeit huldigt dem Lippenglauben und äußerlichen Zeremonien; die Schriftsteller haben ihre Aufgabe, das Publikum, auch gegen seinen Willen, aufzuklären, zu belehren und zu bessern, völlig vergessen und schmeicheln seinen Wünschen, um möglichst schnell Geld und Ruhm zu erlangen; die Rechtsgelehrten sehen ihre Lebensaufgabe im Ersinnen spitzfindiger Sophismen; die Politiker setzen ihren Ehrgeiz in rhetorische Spiegelfechtereien. Überall herrschen die Unaufrichtigkeit und der Glaube an Scheinrealitäten. Alle lügen, bewußt oder unbewußt, um ihr materielles Wohlbefinden zu steigern, das einzige erstrebenswerte Gut, das sie kennen. Das moderne Leben ist auf einem einzigen großen System des Betrugs aufgebaut, dem sich auch der Redliche und Tüchtige unwillkürlich einfügen muß.

Diese gegenwartfeindliche Richtung, die auf dem Kontinent erst viel später ihre Vertreter gefunden hat, weil dieser sich wirtschaftlich nicht so schnell entwickelte, bildet den Grundbaß in allen Schriften, die Carlyle in den nächsten Jahrzehnten schrieb. Die besondere Eigentümlichkeit seiner Stellungnahme, die damals von den wenigsten richtig begriffen wurde, besteht in seiner völligen Parteilosigkeit und Unparteilichkeit. Man hat ihn als einen Tory bezeichnet, weil er gegen das demokratische Gleichheitsdogma kämpfte; als einen Whig, weil er gelegentlich die Adeligen als schmarotzende Müßiggänger und die Hochkirche als eine heuchlerische Institution bezeichnete; als einen Peeliten, weil er mit Robert Peel befreundet war; als einen Chartisten, weil er für die Hebung des Arbeiterstandes eintrat; als einen Radikalen, weil er gegen die Korngesetze schrieb; und als einen schwarzen Reaktionär, weil er die Aufhebung der Sklaverei in den britischen Kolonien für eine nutzlose Sentimentalität erklärte; und wenn man will, so war er tatsächlich etwas von alledem. Sein Maßstab war immer und überall die Wahrheit; und wer ihm diese zu haben schien, dessen Partei ergriff er. Sein Urteil orientierte sich immer an den realen Verhältnissen und war daher ebenso variabel wie die Beobachtungen, aus denen es gezogen war. Das Publikum aber will für jede öffentliche Erscheinung eine bestimmte Chiffre und Etikette und wird durch eine solche Fähigkeit, sich an die Dinge anzupassen, nur verwirrt und enttäuscht.

Das erste Werk aus dieser zweiten Periode Carlyles hatte aber zunächst kein aktuelles politisches Thema, sondern war historischen Charakters: es ist die berühmte Geschichte der Französischen Revolution. Gleichwohl ist es nicht aus einer bloßen Versenkung in die Vergangenheit, sondern aus dem unmittelbaren Erleben der Gegenwart hervorgegangen. Bei der Betrachtung der Verwirrungen, in die seine Zeitgenossen geraten waren, hatte Carlyle erkannt, daß der Ausgangspunkt der gesamten modernen Entwicklung in der großen französischen Explosion zu suchen sei, von der alle Bewegungen des neuen Jahrhunderts mit ihren guten und schlechten Wirkungen herzuleiten sind. Keine Arbeit hat Carlyle solche Mühe gekostet wie diese; keine ist aber auch so abgerundet und bis ins feinste Detail künstlerisch ausgearbeitet. Schon das Zusammensuchen der dokumentarischen Daten, das bei dem damaligen Zustand der Londoner Bibliotheken viel schwieriger war als heutzutage, brachte ihn zur Verzweiflung. Die Form der Darstellung genügte ihm immer erst dann, wenn alles eine organische Einheit bildete, nirgends Risse oder Nähte sichtbar waren, und da dies auch bei stärkster Anstrengung und Fähigkeit nicht immer vollständig gelingt, so befand er sich in einem permanenten Zustand der Unzufriedenheit. Dazu kam noch ein ganz besonderes Mißgeschick. Er hatte das Manuskript des ersten Bandes John Stuart Mill zum Lesen gegeben, dieser hatte es einem zweiten Freunde geliehen, und dessen Magd hatte es bis auf das letzte Blättchen zum Feueranmachen benützt. Die ganze Arbeit war verloren; zudem hatte Carlyle bei seinen mißlichen Vermögensverhältnissen mit dem Ertrag des Buches zu rechnen. Für das letztere kam zwar Mill auf: er sandte zweihundert Pfund, von denen Carlyle jedoch nur die Hälfte akzeptierte; aber die zweite Konzeption der Arbeit war fast noch aufreibender als die erste. Schließlich kam sie aber doch zustande, und 1837 konnten die drei Bände: »*The French Revolution. A History*« erscheinen.

Carlyle wollte mit dieser Geschichte seinen Landsleuten ein warnendes Exempel vorhalten. Er erblickte in dieser »ungeheuern Feuersbrunst« eine Art göttliches Strafgericht, gesandt wider die falschen Herrscher und Priester, die sich ein Recht über die anderen angemaßt hatten, zu dem sie nicht durch wirkliche Überlegenheit befugt waren. Er ist daher kein unbedingter Verurteiler der Revolution: er zeigt ohne Entrüstung, wohin der mißgeleitete und durch allzu unerträgliches Unrecht erbitterte Mensch gelangen kann. Als ein bemerkenswerter Rückschlag gegen seine literarische Periode ist es anzusehen, daß er das ganze Phänomen nur vom sozialen Gesichtspunkt aus wertet, eine sicherlich zum Teil einseitige Betrachtung, die den wichtigen vorbereitenden Einfluß der gesamten französischen Literatur des achtzehnten Jahrhunderts außer acht läßt. Es ist sehr leicht möglich, daß Carlyle zehn oder fünfzehn Jahre früher die Sache gerade umgekehrt gesehen hätte.

Die Darstellungsform, in der der Gegenstand dem Leser vorgeführt wird, ist einzigartig in der englischen und vermutlich in der Weltliteratur. Das Ganze ist in der Technik eines genialen Dekorationsmalers breit hingekleckst und macht den Eindruck eines reichbewegten gespenstischen Figurentheaters. In der Architektonik erinnert es an ein richtiges Drama oder vielmehr einen Dramenzyklus mit Vorspiel, ansteigender und fallender Handlung und klar herausgearbeiteten Peripetien. Der Held der ganzen Tragödie ist das französische Volk, das, von mächtigen Kräften und Gegenkräften geheimnisvoll vorwärtsgetrieben, sein blutiges Schicksal erfüllt. Das Buch hat etwas Magisches: die Vorgänge sind in eine undefinierbare Atmosphäre von unendlicher Bedeutsamkeit getaucht und darum muß man es eine Dichtung nennen. Es wird heute vielfach behauptet, daß es »überholt« sei. Aber ein Kunstwerk steht über dem jeweiligen »Stande der Forschung«. Herodot ist nicht überholt, obgleich er größtenteils Dinge berichtet hat, die heute jeder Volksschullehrer zu widerlegen vermag. Montesquieu ist nicht überholt, obgleich seine Geschichtsdarstellungen voll von handgreiflichen Irrtümern sind. Herder ist nicht überholt, obgleich er historische Ansichten vertrat, die heute für dilettantisch gelten. Winckelmann ist nicht überholt, obgleich seine Auffassung vom Griechentum ein einziger großer Mißgriff war. Denn wenn sich auch alles, was diese Männer lehrten, als unrichtig erweisen sollte, eine Wahrheit wird doch immer bleiben und niemals überholt werden können: die der künstlerischen Persönlichkeit, die hinter dem Werk steht, des bedeutenden Menschen, der diese falschen Bilder innerlich erlebte, sah und gestaltete. Wenn Schiller zehn Seiten bester deutscher Prosa über eine Episode des Dreißigjährigen Krieges schreibt, die sich niemals so zugetragen hat, so ist dies für die historische Erkenntnis wertvoller als hundert Seiten »Richtigstellungen« nach neuesten Dokumenten ohne philosophischen Gesichtspunkt und in elendem

Deutsch. Und was war Homer anderes als ein Historiker »mit ungenügender Quellenkenntnis«? Dennoch wird er in alle Ewigkeit recht behalten, auch wenn sich eines Tages herausstellen sollte, daß es überhaupt kein Troja gegeben hat.

Carlyles neues Werk erregte beim großen Publikum zunächst wiederum nur Befremden; aber bei der geistigen Elite Englands fand es sogleich Eingang. Dickens, Thackeray, Southey, Hamilton, Mill bewunderten es; selbst Jeffrey gab zu, daß es ein außerordentliches Buch sei. Mit den Genannten trat Carlyle auch bald in näheren oder entfernteren Verkehr; Leigh Hunt gesellte sich hinzu; John Sterling, ein liebenswürdiger und kluger junger Theologe, faßte für ihn eine schwärmerische Freundschaft. Er war der Sohn eines einflußreichen Redakteurs der »*Times*« und versuchte Carlyle in diese Zeitung zu bringen; aber die Verhandlungen scheiterten an der Unnachgiebigkeit Carlyles, der sich um keinen Preis in den Dienst eines bestimmten politischen Programms stellen wollte. Es war ihm eben einfach physisch unmöglich, einen Satz zu schreiben, den er nicht aufs tiefste empfand. Es war jedoch für ihn dringend nötig geworden, sich nach einem Erwerb umzusehen, denn die Ersparnisse drohten auszugehen. Man kam daher auf die Idee, ihn Vorträge veranstalten zu lassen. Durch lebhafte Agitationen seiner Verehrer und Verehrerinnen gelang es noch in demselben Jahre, ein Auditorium von etwa zweihundert Subskribenten zusammenzubringen, vor denen er eine Serie von Vorlesungen über deutsche Literatur hielt. Durch den großen Erfolg ermutigt, las er im nächsten Jahre über »europäische Kulturperioden von Homer bis Goethe«, im übernächsten über moderne Revolutionen, und den Beschluß machten 1840 die Vorträge »*on heroes, hero-worship and the heroic in history*«, die einzigen, die in Buchform erschienen sind. Bei dem ersten und dritten der vier Zyklen war dies weniger geboten, da sie im wesentlichen das enthielten, was er teils in seinen literarhistorischen Essays (die 1839 gesammelt erschienen waren), teils in seiner »*French Revolution*« niedergelegt hatte. Der zweite Kursus über Kulturperioden hingegen scheint viel Neues gebracht zu haben, Gedanken, die freilich in seinen späteren Schriften wieder auftauchen, aber von ihm niemals wieder in systematischer Form behandelt worden sind. Das allgemeine Schema, nach dem er in dieser Vortragsreihe die geschichtliche Entwicklung gliedert, ist die abwechselnde Aufeinanderfolge von Perioden des Glaubens und des Unglaubens. Carlyle beginnt mit den Griechen, die in der Blütezeit ihrer Kultur ein Volk des Glaubens waren, während der ewig logisierende Sokrates bereits den Verfall ankündigt: eine merkwürdige Antizipation der Auffassung Nietzsches. Auch die Römer waren in ihrer guten Zeit ein gläubiges Volk, ihr Haupttalent war ein tüchtiger, kraftvoller Sinn für Methode. Das Kaiserreich bringt dann den Niedergang, weil der Skeptizismus zur allgemeinen Herrschaft gelangt. Das Mittelalter ruhte bei aller geistigen Enge doch auf sicherem Grunde, der Mensch erkannte sich in seiner wahren göttlichen Natur, als ein sittliches Wesen, gestellt zwischen zwei Ewigkeiten. Auch die Reformation war ebenfalls eine Auflehnung des Glaubens gegen den Unglauben; ihre Helden Shakespeare, Knox und Cromwell wurden eingehend betrachtet. Dann ging Carlyle zum achtzehnten Jahrhundert über, und mit einer Charakteristik der »modernen Krankheit« des »Wertherismus« und »Byronismus« und einem Ausblick auf deren mögliche Heilung schloß dieser längste der vier Zyklen.

Die Vorträge waren mit steigendem Zulauf und Beifall vor sich gegangen und brachten Carlyle für die nächste Zeit genügenden materiellen Gewinn. Seine ökonomische Lage verbesserte sich auch anderweitig. Durch den Tod seiner Schwiegermutter kam er in den Besitz einer kleinen Rente, sein Bruder John hatte einen reichlich dotierten Posten als Reisebegleiter einer vornehmen Dame erhalten, so daß er nun für sich selber sorgen konnte, und Emerson hatte in Amerika Buchausgaben des » Sartor« und der » Revolution« veranlaßt, die gut honoriert wurden. Infolgedessen gab Carlyle seine Vorlesungen auf. Wenn man bedenkt, welche eigenartige und schöne Befriedigung darin liegt, mit tiefer und starker Wirkung zu einem größeren Auditorium sprechen zu dürfen, so muß dieser Entschluß zunächst Verwunderung erregen. Es ist außer Zweifel, daß Carlyle ein ganz außergewöhnliches Rednertalent besaß. Alle, die jemals mit ihm persönlich verkehrten, rühmen seine Fähigkeit, andauernd auf das anregendste zu sprechen. Sein breiter Annandaler Dialekt wirkte wie eine Art Gesang; alle Mittel des Vortrags standen ihm mühelos zu Gebote; eine überwältigende Fülle von Bildern, Gleichnissen, Beispielen, Zitaten, Sarkasmen strömte ihm ganz von selber zu. Man hat ihn » *the best talker of England*« genannt. Auch sprach er offenbar sehr gern, und wenn er einmal im Zuge war, so konnte er oft stundenlang reden, ohne sich zu unterbrechen oder auch nur von einem anderen unterbrechen zu lassen. Er sagte zwar nach dem Abschluß seiner öffentlichen Vorlesungen: »Zwei Dinge fehlen mir zum Reden: Gesundheit und Unverschämtheit«; aber wir werden annehmen dürfen, daß es damit nicht ganz so schlimm stand. Wenn auch die Vorträge, die er vollkommen frei sprach, ihn geistig und physisch stark in Anspruch nahmen, so war doch seine kräftige schottische Konstitution diesen Strapazen durchaus gewachsen; und wenn auch »Unverschämtheit« zweifellos zu jenen Eigenschaften gehörte, von denen er keine Spur besaß, so wird doch andererseits von allen bezeugt, daß er als Redner eine große Sicherheit und Unbefangenheit besaß und, einmal in Fluß gekommen, auch Widerstrebende mit sich fortriß. Wer den gedruckten Text der Vorträge über »Heldenverehrung« liest, wird zu der Vorstellung gezwungen, daß der Sprecher dieser Worte auch ein gewaltiger faszinierender Redner gewesen sein muß. Die Erklärung für Carlyles Abneigung gegen das öffentliche Reden kann nur wiederum in seiner radikalen Wahrheitsliebe gesucht werden. Jeder vollkommene Vortrag ist eine künstlerische Leistung und als solche die Sache einer bestimmten Technik und Wirkungsweise; und das hat zur Folge, daß das Material der Gedanken und Empfindungen eine gewisse Umformung, eine Adaptierung an den bestimmten Zweck erleidet. Dies aber war im Sinne Carlyles schon eine Art Heuchelei. Er hätte, wenn man ihn darum befragt hätte, sicher auch die Schauspielkunst als eine Art Lüge bezeichnet; und von der Dichtkunst hat er mehrfach geäußert, daß sie niemals etwas erfinden dürfe, sondern nur wirkliche Gefühle und Tatsachen darzustellen habe; und dies bedeutet offenbar die Verurteilung eines großen Teils der Weltliteratur. Die erste seiner sozialpolitischen Schriften erschien 1840 und führte den Titel » *Chartism*«. Carlyle gibt sich aber darin durchaus nicht als Chartist; er erblickt das Heilmittel keineswegs in parlamentarischen Reformen, allgemeinem Wahlrecht und dergleichen, sondern in einer weisen und menschenfreundlichen Regierung, die im Arbeiter nicht ein bloßes Werkzeug erblickt, sondern einen Gegenstand sittlicher und körperlicher Fürsorge. Er weist darauf hin, daß das Proletariat gerade durch seine soziale Selbständigkeit in die ärgste Abhängigkeit von den Unternehmern geraten ist, daß die Sklaverei früherer Zeiten ein viel menschenwürdigerer Zustand war und daß der Arbeiter im Grunde nicht viel mehr besitze als die Freiheit zu verhungern. Auf breiterer Grundlage wurden diese Gedanken drei Jahre später in dem Buche » Past and Present« ausgeführt. Es zerfällt, wie schon der Titel sagt, in zwei Teile: in dem Abschnitt, der von der Vergangenheit handelt, wird an der Hand einer alten englischen Klosterchronik aus dem zwölften Jahrhundert, die das damalige Mönchsleben schildert, ausführlich dargetan, wie sehr die gesellschaftliche Organisation jener Zeit trotz ihrer Primitivität der unsrigen überlegen war. Nicht in romantischer Verklärung erscheint jene Welt, sondern gerade ihr gesunder Realismus wird gerühmt. Diese mittelalterlichen Menschen wußten noch, was echte Arbeit, was echter Gehorsam und echte Herrschaft war. Sie riefen ihren Königen kein » Laissez faire!« zu, sie ließen sich gern von Besseren und Stärkeren regieren. Das Verhältnis zwischen Landesherr und Untertan, Lehnsherr und Vasall, Gutsherr und Hörigem war in erster Linie ein moralisches, gegründet auf gegenseitige Treue, nicht ein bloß materielles, gegründet auf Ausbeutung. Die Beziehungen der Menschen waren nicht durch das Gesetz von Angebot und Nachfrage reguliert, sondern durch das Gesetz Gottes. Die Nutzanwendung auf die Gegenwart ergibt nun freilich nicht, daß wir einfach zu jenen Zuständen zurückkehren sollen. Aber das Gute können wir recht wohl aus ihnen übernehmen. Wir müssen vor allem von jenen Menschen zweierlei lernen: den Glauben an Höhere und die Heiligung der Arbeit. Ungleichheit ist der natürliche Zustand; es ist nur recht und billig, daß der Klügere und Tüchtigere über die anderen herrsche. Arbeit ist nicht etwas, das mit Geldstücken gekauft werden kann; alle echte Arbeit hat mit Gott zu tun: *laborare est orare.*

Inzwischen ging auch Carlyles zweites historisches Werk der Vollendung entgegen. Schon seit längerer Zeit plante er eine Geschichte der englischen Reformation, aber immer mehr konzentrierte sich sein Interesse auf die Gestalt Cromwells. Dabei kam er zu der Überzeugung, daß das landläufige Bild, das man sich von Cromwell damals in England machte, ganz falsch und geradezu die Umkehrung der Wahrheit war. Man sah in ihm einen gewalttätigen, habgierigen, ehrsüchtigen Usurpator, der alles durch Heuchelei, Intrige und Spiegelfechterei zu seinem eigenen Vorteil betrieben hatte. Niemals redete er die Wahrheit, immer trug er eine Maske.

Carlyle suchte diese Maske zu erforschen und kam zu seinem Erstaunen auf eine sehr einfache Entdeckung: die Maske war das wahre Gesicht! Cromwell war gar kein Hypokrit, sondern ein gottesfürchtiger, redlicher Mensch: seine Briefe und Reden, richtig verstanden, taten dies überzeugend für jedermann dar, der sehen wollte. Carlyle beschloß, diese Dokumente, entsprechend kommentiert, herauszugeben, und so entstand das Werk: » *Letters and Speeches of Oliver Cromwell*«. Es führte einen vollständigen Umschwung in der öffentlichen Meinung herbei. Daß Cromwell und seine Puritaner die wahren Schöpfer des modernen England waren, die Begründer der englischen Macht und Freiheit, und dies nicht durch List und Gewalttat, sondern durch den Sieg der Idee, die in ihnen wirkte: das für alle Zeit einleuchtend dargetan zu haben, ist das große Verdienst dieses Buches.

Die Vorgänge des Jahres 1848 veranlaßten Carlyle zu einigen Aufsätzen im » *Examiner*«. Er konnte die neuen Revolutionen ebensowenig billigen wie die früheren, aber er erblickte in der Vertreibung des »Scheinhelden« Louis Philippe eine göttliche Nemesis. Großes und unliebsames Aufsehen erregte seine Stellungnahme in der Negerfrage. Er erklärte in einer Abhandlung über diesen Gegenstand, daß die Befreiung der Nigger eine falsche Maßnahme gewesen sei, die ihnen nur geschadet habe. Das Recht auf Freiheit besitze nur derjenige, der sie würdig zu benützen verstehe. Hingegen gebe es ein anderes Recht, das jedermann besitze, nämlich das Recht, zu arbeiten und, wenn man nicht arbeiten wolle, dazu gezwungen zu werden. Dieses Recht habe man den Negern genommen und damit nur erreicht, daß sie in tierischen, nichtsnutzigen Müßiggang versanken. Es nütze nichts, mit großen Phrasen zu erklären, daß die schwarze und die weiße Rasse gleich seien, denn tatsächlich seien sie nicht gleich, und die überlegenen Weißen haben nicht nur das Recht, sondern auch die Pflicht, die Schwarzen zu beherrschen. »Die Götter sind lange nachsichtig; aber es steht von Anfang geschrieben: wer nicht arbeiten will, soll von der Erde verschwinden; und auch die Geduld der Götter hat ihre Grenzen!« Man kann sich den Sturm vorstellen, den diese Äußerungen im damaligen liberalen England hervorriefen.

Dieser Aufsatz war nur die Einleitung zu einer Reihe von politischen Flugschriften, die unter dem Gesamttitel » *Latterday Pamph-*

lets« im Laufe des nächsten Jahres erschienen. Es sind im ganzen acht; Carlyle mußte sie auf eigene Kosten drucken lassen, da keine Zeitschrift es wagen wollte, sie aufzunehmen. Sie enthalten eine rücksichtslose und leidenschaftliche Kritik der damaligen englischen Gegenwart, wobei gerade diejenigen Institutionen, auf die man sich am meisten zugute tat, am allerschärfsten mißbilligt und als widersinnig und schädlich erwiesen wurden. Gleich die erste Flugschrift wendet sich mit aller Entschiedenheit gegen den Wahn, daß die Gesellschaft in der Einführung des allgemeinen Stimmrechts ihr großes Heilmittel finden werde. Da die Menschen offenbar nicht gleich sind, so können auch ihre Stimmen nicht gleiches Gewicht haben; das Wort eines Judas kann nicht ebensoviel wiegen wie das Wort eines Jesus; das moderne Regierungssystem gleiche einem Schiff, das durch Abstimmung aller Matrosen von »Schattenkapitänen« gelenkt werde, der Untergang eines solchen Schiffes sei unausbleiblich. Diese Gedanken werden dann in den weiteren Schriften näher ausgeführt unter heftigen und tiefdringenden Angriffen gegen die einzelnen Regierungsformen. Eine Schrift, die die übertriebene Sentimentalität in der Organisierung des Gefängniswesens behandelt, hat Carlyle den Vorwurf der Herzlosigkeit eingetragen; aber sein Standpunkt in dieser Sache wurzelte, wie alle seine anderen Ansichten, auch hier wiederum in seinem gesunden Sinn für Realität: eine Verbrecherfürsorge auf Kosten der Armenfürsorge empfand er als Widersinn, und zudem war er, wie alle wirklich guten Menschen, nicht ohne Härte, indem er wohl wußte, daß wahlloses Mitgefühl mit allen erdenklichen Lebensformen ein Unrecht an denen ist, die auf Güte und Sympathie einen wirklichen Anspruch haben.

Die Grundtendenz aller dieser Schriften ist der Protest gegen den weichlichen Liberalismus mit seiner Nivellierungssucht, seinem »*Laissez faire*«, seiner politischen Geschwätzigkeit und Phrasenhaftigkeit. Die Grundkrankheit der Zeit ist, wie die letzte Flugschrift resümierend darlegt, der Jesuitismus, die allgemeine Unaufrichtigkeit und Spiegelfechterei: die Lehre Loyolas ist äußerlich abgeschworen, aber in Wahrheit ist sie das Glaubensbekenntnis fast aller Menschen in England. Nirgends ist Wahrheit der Ausgangspunkt und das Ziel der menschlichen Bestrebungen, immer nur eine armselige sophistische Amalgamierung von Wahrem und Unwahrem; ein feines Gift der Lüge durchdringt die ganze Gesellschaft.

Wie dieser moderne Kampf zwischen Glauben und Unglauben sich in einer einzelnen Persönlichkeit gestaltet, hat Carlyle in dem bald darauf erschienenen » *Life of John Sterling*« in ergreifender Weise geschildert. 1844 war Sterling in noch jugendlichem Alter an der Schwindsucht gestorben. Der Archidiakonus Hare hatte ein Buch über ihn geschrieben, aber dabei den Schwerpunkt auf die kurze theologische Tätigkeit Sterlings gelegt und ihn gewissermaßen für die Orthodoxen reklamiert. Gegen diese Auffassung ist Carlyles Darstellung gerichtet, aber sie ist ein Bild der ganzen geistigen Kämpfe jener Zeit geworden und zugleich ein kleines Meisterwerk der psychologischen Porträtierungskunst, das heute noch als eine der besten Biographien in englischer Sprache gilt.

Die geistige Tätigkeit der nächsten vierzehn Jahre war fast ausschließlich einem einzigen Gegenstande gewidmet, dem schwierigsten, beziehungsreichsten und umfassendsten, den Carlyle jemals behandelt hat: der Geschichte Friedrichs des Großen. Es handelte sich auch hier wiederum um ein historisches Läuterungsverfahren, ähnlich wie bei Cromwell, nur daß das Material ein noch weit ausgedehnteres und widerspenstigeres war. Die nächste Notwendigkeit, die sich aus diesen Arbeiten ergab, war Carlyles erste Reise nach Deutschland, gemeinsam mit Neuberg, seinem ersten deutschen Übersetzer, der in seinem Leben eine Art Eckermannrolle gespielt hat. Man begab sich zunächst über Rotterdam nach Bonn, wo Carlyle einige Bibliotheksstudien betrieb, dann nach Coblenz, Bad Ems, Mainz, Frankfurt am Main, in die »Spielhölle« Homburg, auf die Wartburg, nach Weimar, nach Leipzig, wo gerade Messe war, nach Teplitz, Herrnhut, Lobositz, Kunersdorf: lauter Orte, die einem so genauen Kenner der deutschen Geschichte und Literatur bedeutsame und anregende Eindrücke vermitteln mußten. Den Beschluß machte Berlin, wo Carlyle den alten Tieck, Rauch, Cornelius und andere kennenlernte. Man wäre jedoch im Irrtum, wenn man annehmen wollte, daß ihm diese Reise ein Vergnügen bereitet hat. Die interessanten Studien waren reichlich aufgewogen durch allerlei kleine Mißhelligkeiten, die auf einer größeren Reise in der damaligen Zeit unvermeidlich, für Carlyle aber unerträglich waren. Die Klagen über zu kurze Betten, tutende Nachtwächter, unsorgfältig bereitete Speisen, lästige Reisegenossen nehmen in seinen Briefen aus Deutschland einen fast ebenso großen Raum ein wie die Erinnerungen, die der Rhein, Goethe, Schiller, Luther, Dürer und die schlesischen Schlachtfelder in ihm erweckten. So atmete er denn auf, als er wieder in Chelsea ankam, wo ihn seine alten Gewohnheiten erwarteten und zudem noch eine besondere Überraschung, ein »geräuschfestes« Studierzimmer mit Oberlicht und doppelten Wänden, das seine liebevolle Gattin für ihn hatte anlegen lassen.

Noch ehe das Jahr zu Ende ging, traf ihn ein ungemein schwerer Verlust. Um Weihnachten starb seine Mutter, vierundachtzig Jahre alt. Er traf sie noch lebend und bei Bewußtsein. Ihr Tod war ruhig und freundlich. Ihren Abschied von der Welt hat Carlyle in seinem Tagebuch rührend geschildert. Sie war von allen Menschen, die Carlyle kannte, vermutlich der einzige, der ihn ganz verstanden hat.

Dasselbe Jahr brachte den Ausbruch des Krimkriegs. In dem genannten » Dial«, das er seit dreißig Jahren mit größeren und geringeren Unterbrechungen führte, hat Carlyle sich auch über dieses Ereignis geäußert, wiederum gar nicht im Sinne der herrschenden liberalen Strömung. Er mißbilligt es aufs äußerste, daß England sich dazu hergab, die Sache der unzivilisierten Türken zu unterstützen, an der Seite eines politischen Scharlatans, der durch Intrigen und Gewalttaten zur Kaiserwürde gelangt war.

In diese Zeit fällt auch die Bekanntschaft mit Ruskin, die zu einer dauernden Freundschaft wurde. Die Ausgangspunkte der beiden größten geistigen Reformatoren, die England im neunzehnten Jahrhundert gesehen hat, waren ja zunächst sehr verschieden. Ruskin kam von der Malerei her, sein Denken war anfänglich rein artistisch orientiert. Allmählich aber nahm er eine ähnliche Wendung zum Praktischen wie Carlyle, die sozialen Probleme traten mehr und mehr in den Gesichtskreis seines Interesses. Gemeinsam ist beiden der Haß gegen die Maschine und überhaupt gegen den ganzen modernen Betrieb, eine gewisse Vorliebe für die ländliche Kultur, weil diese noch nicht den Zusammenhang mit der Erde und der Natur verloren hat, und vor allem die Überzeugung von der Heiligkeit der Arbeit, ein Evangelium, das sie beide ihr Leben lang begeistert gepredigt haben. Es ist daher sehr wohl erklärlich, daß Carlyle einmal an Ruskin schrieb, er freue sich, daß er sich nunmehr in einer Minorität von zwei Stimmen befinde. Andererseits darf aber doch nicht übersehen werden, daß der Kampf gegen die Mechanisierung des modernen Lebens, in dem sie sich trafen, bei Ruskin aus künstlerischen Antrieben hervorging, während er bei Carlyle einen ethischen und religiösen Ursprung hat. Für Ruskin war und blieb bis zuletzt die Kunst das, was dem Leben seinen höchsten Sinn verleiht, für Carlyle besaß die Kunst überhaupt keine selbständige Existenzberechtigung. Für Ruskin ist das Mechanische in erster Linie unästhetisch, für Carlyle in erster Linie unmoralisch. Freilich sind die Beziehungen zwischen Kunst und Sittlichkeit so innige, daß eine völlige Trennung niemals möglich ist; und es hat daher oft den Anschein, als ob die Anschauungen Ruskins und Carlyles sich völlig deckten.

Die » *History of Friedrich II. called Frederick the great*« erweiterte sich im Verlaufe der Arbeit zu einer Art Kulturgeschichte des achtzehnten Jahrhunderts. Hunderte und Tausende von Dokumenten mußten geprüft werden, denn Carlyle verließ sich niemals auf Berichte aus zweiter Hand und ging, wo es nur irgend im Bereich der Möglichkeit lag, immer auf die Quellen zurück. Er mußte auf dem höchst verwickelten und für ihn völlig neuen Gebiete der Kriegswissenschaft eingehende Forschungen machen, zeitgenössische Bücher, Zeitungen, Memoiren, Akten studieren und dabei alles so ineinander arbeiten, daß die aufgewendete Mühe für den genießenden Leser nicht sichtbar wurde. Sieben Jahre kämpfte er mit dem ungemein spröden Stoff, bis endlich 1858 die zwei ersten Bände erscheinen konnten. Sie hatten sogleich einen außerordentlichen Erfolg. Man hatte die Gestalten Friedrichs des Großen und seines Vaters aus dem allbekannten und vielbewunderten Essay Macaulays in Erinnerung und war nun sehr erstaunt, sie in so verändertem Lichte zu erblicken. Für Macaulay war Friedrich Wilhelm nicht viel mehr gewesen als ein brutaler Kommißknopf und sein Sohn ein eitler, hinterlistiger, ländergieriger Despot von einigen strategischen Talenten. Carlyle zeigte nun, daß die Kehrseite der gewalttätigen Strenge, mit der Friedrich Wilhelm seine Soldaten drillte und seine Untertanen bevormundete, Tüchtigkeit, Ordnungsliebe und wohlwollende Fürsorge waren. Er zeigte die liebenswerten Züge, die dieser urwüchsige Sonderling trotz allem besaß, vor allem den gesunden Sinn für Tatsachen, der alle seine Maßregeln leitete und den er auf seinen Sohn vererbte, dessen größtes Verdienst es war, daß er inmitten des verlogenen, windigen achtzehnten Jahrhunderts ein Mann der Realitäten war. Friedrich war keiner von den großen Gläubigen im Sinne Carlyles, aber doch so gläubig, als es in seiner Zeit überhaupt möglich war. Er vermochte sein Leben nicht völlig von Lüge frei zu halten, aber er belog die anderen immer nur, wenn er mußte, und vor allem: er belog niemals sich selbst. So hat er durch seine aufopfernde Pflichttreue, seine unermüdliche Arbeitskraft und seine geniale Fähigkeit, die Dinge so zu sehen, wie sie sind, die Großmacht Preußen geschaffen. Vieles in dem Buch wirkte wie eine Prophezeiung. Carlyle verteidigte die Wegnahme Schlesiens, die Macaulay als perfiden Raub verurteilt hatte, indem er dartat, daß die spätere Entwicklung Friedrich recht gegeben habe, denn unter ihm und seiner Dynastie habe sich das Land besser entwickelt, als es unter den Habsburgern der Fall gewesen wäre. Er setzte auseinander, daß die Reformation das fernere Schicksal aller europäischen Staaten entschieden habe, damals, als jedem von ihnen die große Frage vorgelegt wurde, ob er sich für die Freiheit und Wahrheit erklären oder weiterhin an die »papistische Lüge« glauben wolle; und diese Lehren fanden durch die Ereignisse neuerlich eine Bestätigung, denn schon die nächsten Jahre brachten die Abrechnung des protestantischen Hohenzollernstaates mit der »habsburgischen Schimäre«.

Eine zweite Reise nach Deutschland, die Carlyle in demselben Jahre unternahm, in dem die beiden ersten Bände erschienen, dauerte nur einen Monat und hatte lediglich den Zweck, einige Schlachtfelder zu besichtigen: Zorndorf, Liegnitz, Chotusitz, Kolin, Hochkirch, Roßbach. Trotz der Kürze des Aufenthalts hatte Carlyle sich alle Details mit bewundernswerter Genauigkeit eingeprägt: seine Schilderungen der militärischen Operationen und der Terrains gelten noch heute als klassisch und werden in den deutschen Kriegsschulen auswendig gelernt. Der dritte Band des Werkes erschien 1862, der vierte 1864, die beiden letzten 1865. Aber das Riesenwerk, das nun endlich vollendet vorlag, hatte Carlyles Arbeitskraft bis zum äußersten angespannt. Es folgte eine Periode der Erschöpfung.

»Sie haben«, schrieb Bismarck am 2. Dezember 1875 an Carlyle, »den Deutschen unseren großen Preußenkönig in seiner vollen Gestalt, wie eine lebende Bildsäule hingestellt.« In der Tat ist nicht bloß für England, sondern auch für viele Kreise Deutschlands das wahre Bild Friedrichs des Großen erst durch Carlyle geschaffen worden. Und es ist ein Denkmal nicht bloß Friedrichs, sondern seiner ganzen Zeit; alle die zahlreichen Figuren, die sich um ihn gruppierten, sind auf dem Standbilde mit zur Darstellung gebracht, je nach Rang und Bedeutung sorgfältiger oder flüchtiger, in größerem oder kleinerem Format, freistehend, in Hochrelief oder Flachrelief; aber keiner ist vergessen. Mit der geheimnisvollen Gabe der Totenerweckung, die der geniale Historiker mit dem Dichter gemeinsam hat, sind die längst dahingesunkenen Gestalten ins Leben zurückgezaubert, und ohne Schminke und künstliche Beleuchtung treten sie vor uns hin und lassen uns ihre Gefühle mitfühlen, ihre Befürchtungen mitfürchten und ihre Hoffnungen mithoffen.

Die steigende Bewunderung und Zustimmung, die sich Carlyle mit seinen Werken errang, hatte zur Folge, daß ihm eine der größten Ehrungen zuteil wurde, vielleicht die größte, die einem Schriftsteller in England erwiesen werden kann: er wurde zum Rektor der Edinburgher Universität gewählt. Es war dies die Anerkennung der Jugend, die damit manifestierte, daß sie ihm glaube und seine moralischen Wahrheiten zu den ihren machen wolle; denn die Wahl geht in Edinburgh nicht von den Professoren, sondern von den Studenten aus. Gleichwohl zögerte Carlyle, denn die Würde war mit der Verpflichtung einer öffentlichen Ansprache verbunden; aber schließlich nahm er doch an. Einer seiner Freunde, der Naturforscher Tyndall, begleitete ihn; Frau Carlyle, die die Aufregungen der ganzen Veranstaltung fürchtete, blieb in London zurück; nicht ohne Besorgnisse. Er hatte seit einem Vierteljahrhundert nicht mehr öffentlich gesprochen; sein unmittelbarer Vorgänger im Amt war Gladstone gewesen, einer der besten Redner seiner Zeit, der mit seiner Abschiedsrede über Homer unbeschreiblichen Beifall geerntet hatte. Gleichwohl ging die Feierlichkeit ohne den geringsten Zwischenfall vonstatten und gestaltete sich für Carlyle zu einem glänzenden Erfolg. Anfangs ein wenig befangen und unsicher, wurde er bald von seinem Gegenstand fortgerissen und brachte seinen Vortrag, durch zustimmendes Gelächter, Beifallsausbrüche und begeisterte Zurufe unterbrochen, ohne Mühe zu Ende. Inhaltlich bot die Rede wenig Neues, sie war eine Art Revue über die

Grundüberzeugungen und Leitgedanken seines Lebens; die große Wirkung wurde durch den Ton ergreifender Schlichtheit, Natürlichkeit und Aufrichtigkeit erzielt, in dem Carlyle seine Worte vorbrachte; dazwischen fehlte es auch nicht an scharfen sarkastischen Seitenblicken. Als Gladstone geendet hatte, ertönte endloser Applaus; aber auf Carlyles Rede folgte zunächst ergriffenes Stillschweigen, das erst allmählich in einen Beifallssturm überging. Hunderte von jubelnden Studenten begleiteten ihn bis zu seiner Wohnung, die Zeitungen brachten stenographische Protokolle, die Buchausgabe wurde in ganz England gekauft und gelesen. Tyndall konnte die volle Wahrheit berichten, als er an Frau Carlyle telegraphierte: »ein vollständiger Triumph«.

Dies war aber die letzte große Freude, die Frau Carlyle erlebte. Drei Wochen später starb sie ganz plötzlich, ohne ihren Gatten vorher wiedergesehen zu haben. Sie hatte etwa zwei Jahre früher einen Straßenunfall erlitten und kränkelte seitdem; bisweilen schien es, als ob sie sich völlig erholen sollte. Eines Nachmittags hatte sie eine ihrer gewohnten Spazierfahrten unternommen; als der Kutscher den Wagenschlag öffnete, fand er eine Leiche. Ein Herzschlag hatte ihrem Leben ein Ende bereitet. Sie war nicht ganz fünfundsechzig Jahre alt geworden. »Ich war wie betäubt«, schreibt Carlyle in seinen Erinnerungen. »Zwei Tage lang vermochte ich die unermeßlichen Tiefen der Nachricht nicht zu ergründen und den unendlichen Schmerz, der in einem einzigen Augenblicke mein Leben der Hülle beraubt und meine arme Welt unter Trümmern begraben hatte.« Und zu dem Kummer über den Verlust kamen noch Gewissensbisse. Carlyle hatte in dem Nachlaß seiner Gattin Briefe und Tagebuchnotizen gefunden, aus denen hervorging, daß sie sich oft an seiner Seite wenig glücklich gefühlt hatte. Er erinnerte sich, daß er gegen seine Frau häufig schroff gewesen war und daß er sich mit ihr weniger beschäftigt hatte, als sie gewünscht haben mochte, daß sie mehr entbehrt hatte, als sie zeigen wollte. Die Distanz, in der er diese Dinge jetzt sah, war nicht geeignet, sie zu verkleinern, sondern mußte sie beträchtlich vergrößern. In dieser Stimmung schrieb er seine » *Erinnerungen an Jane Welsh Carlyle*«, eine rührende Selbstanklage, die kurz nach seinem Tode von James Anthony Froude als zweiter Band der » *Reminiscences*« herausgegeben wurde. Zusammengehalten mit den ebenfalls von Froude edierten » *Letters and memorials of Jane Welsh Carlyle*« sind sie ein lehrreiches und erschütterndes Bild einer Gelehrten- und Künstlerehe. Irgend etwas anderes kann jedoch nicht darin erblickt werden. Untersuchungen über das Maß von Schuld, das den einen oder den anderen der beiden Teile trifft, wie sie in England und anderwärts an diese Publikationen geknüpft wurden, sind völlig unstatthaft. Es ist sinnlos, eine Verbindung, die von zwei außergewöhnlichen Menschen zu außergewöhnlichen Zwecken eingegangen wurde, mit Maßstäben beurteilen zu wollen, die lediglich auf das Eheleben des Durchschnittsmenschen anwendbar sind.

Von hier an könnten wir eine dritte Periode im Leben Carlyles ansetzen. Es ist die, in der er fast nichts mehr produziert und sich von der Außenwelt und den Menschen immer mehr abkehrt. Sein Wesen in diesem seinem letzten Lebensabschnitt hat etwas Jenseitiges, fast Unkörperliches. Er war jetzt über siebzig Jahre alt und hatte alles gesagt, was er zu sagen hatte; die Welt hatte ihm nichts mehr mitzuteilen und er der Welt nichts mehr. Von nun an hält er seinen Verkehr mit der Menschheit gewissermaßen nur noch formell aufrecht. Sein Zustand bekommt etwas von jener geheimnisvollen Weltentrücktheit und Durchsichtigkeit, wie wir sie bei genialen Menschen im hohen Alter bisweilen beobachten können: bei Michelangelo, Goethe, Ibsen, Tolstoi; es ist ein langsames organisches Einschlafen oder vielmehr ein Hinüberschlafen in eine andere Welt, die ihre Schatten bereits vorauswirft.

Es ist daher über die letzten fünfzehn Jahre nur wenig zu berichten. Abgesehen von einigen belanglosen kleinen Gelegenheitsaufsätzen trat er nur noch zweimal an die Öffentlichkeit, um das Gewicht seiner Stimme in die Waagschale zu werfen, als sich sein Vaterland vor gefährlichen politischen Experimenten befand. Das einemal während des Deutsch-Französischen Krieges. Anfangs waren die Sympathien der Engländer auf der Seite Deutschlands gewesen, als aber die Franzosen Niederlage auf Niederlage erlitten und die Annexion Elsaß-Lothringens zu einer Gewißheit wurde, da erhoben sich immer mehr Stimmen, die für ein Eingreifen Englands zugunsten der Besiegten plädierten. Daraufhin schrieb Carlyle am 18. November 1870 an die » Times« den » *Letter on the Franco-German war*«, in dem er seinen Landsleuten den wahren, historischen Sachverhalt darlegte: daß die Deutschen nur zurückgenommen hätten, was ihnen einst durch hinterlistigen Überfall geraubt worden war, und daß das »edle, fromme, geduldige und solide Deutschland« nicht nur die Macht, sondern auch das göttliche Recht bewiesen habe, an Stelle des »windigen, ruhmgierigen, gestikulierenden, streitsüchtigen Frankreich« die Königin des Kontinents zu werden. Dieser Brief machte in ganz England den tiefsten Eindruck und hatte einen völligen Umschwung in der öffentlichen Stimmung zur Folge.

Das zweite Eingreifen Carlyles bezog sich auf den sechsten russisch-türkischen Krieg. Nachdem die Erhebung in der Herzegowina und in Bulgarien, die auch von Serbien unterstützt wurde, durch die Türken niedergeschlagen worden war, machte Rußland Anfang November 1876 sechs Armeekorps mobil und erklärte Ende April 1877 den Krieg. In diesen beiden kritischen Momenten wandte sich Carlyle wiederum an die » Times«. Der erste Brief ist vom 24. November 1876 datiert; er ergreift aufs entschiedenste die Partei der Russen gegen die Türken. Der Türke wird als das Element der Anarchie in Europa bezeichnet, das nichts anderes verdiene als die nachdrückliche Aufforderung, »sein Antlitz *quam primum* nach Osten zu kehren«. Für die Lösung der orientalischen Frage proponiert Carlyle eine gerechte Teilung der europäischen Türkei zwischen Österreich und Rußland, wobei Bismarck das Schiedsrichteramt übernehmen solle, ein Vorschlag, der freilich viel zu einfach und gradlinig war, als daß er bei den Diplomaten etwas anderes als Lächeln erregt hätte.

Da aber die Stimmen nicht verstummten, die einen ähnlichen Anschluß der Westmächte an die Türkei empfahlen, wie er im Krimkriege stattgefunden hatte, sah sich Carlyle zu einem zweiten Brief veranlaßt, der am 5. Mai 1877 erschien und eine noch schärfere Tonart anschlägt. England habe keine anderen Interessen im Orient als die Sicherung des Suezkanals und müsse es als eine Schmach empfinden, als der Bundesgenosse des Türken aufzutreten. Die Erbitterung der Presse gegen Rußland sei nichts als eine Folge tiefster Unwissenheit und elender nationaler Eifersucht und »ungefähr ebenso beachtenswert wie der ohrenbetäubende Lärm eines Tollhauses«. In der Tat war England damals nahe daran, Rußland durch aufreizende Maßregeln zu einem Kriege zu zwingen, und Carlyles Einfluß hat sicher das seinige zur Beruhigung der öffentlichen Meinung beigetragen. In dem ersten der beiden Briefe findet sich auch das Wort vom » *unspeakable Turk*«, das nachmals geflügelt wurde, meist aber fälschlich Gladstone zugeschrieben wird.

Das äußere Leben Carlyles verfloß nun noch ruhiger als bisher. Mit Ausnahme eines Aufenthalts in Mentone, währenddessen er seine Erinnerungen an Jeffrey, Southey und Wordsworth schrieb, die aber erst nach seinem Tode erschienen, und einiger kurzer Reisen nach Schottland, hat er London nicht mehr verlassen. Die einzige Tätigkeit, der er sich mit unverminderter Anteilnahme hingab, war seine ausgedehnte Korrespondenz und der Empfang von Besuchern, die ihn um Ratschläge angingen. Fast alle Briefe, die an ihn gerichtet wurden, beantwortete er, obschon sie oft die absurdesten Anliegen und Anfragen enthielten; viele, besonders an junge Leute, sind von liebevollster Ausführlichkeit. Eine Lähmung der rechten Hand, die 1875 eintrat, beschränkte ihn aber auch hierin. Die äußeren Ehrungen verschiedenster Art mehrten sich von Jahr zu Jahr, aber sie wurden ihm immer gleichgültiger. 1874 erhielt er den von Friedrich dem Großen gestifteten Orden *pour le mérite:* es ist die einzige derartige Auszeichnung, die er jemals angenommen hat; »denn«, äußerte er sich, »sie war für wirkliches Verdienst bestimmt«. Nicht ebenso scheint er über einheimische Dekorierungen gedacht zu haben. Bald darauf schrieb ihm Disraeli einen Brief, in dem er dem Wunsch der Regierung Ausdruck gab, einem so verdienten Manne ihre Anerkennung zu bezeugen, und ihm die Baronetswürde, das Großkreuz des Bathordens und eine jährliche Pension anbot. Wenn man Carlyles Charakter und Lebensgang bedenkt, so entbehrt dieser wohlgemeinte Antrag nicht der unfreiwilligen Ironie. Von allen diesen Dingen hätte vielleicht das königliche Jahresgehalt für ihn vor fünfzig Jahren einen Wert gehabt. Aber seine Verhältnisse hatten sich in erfreulicher Weise gebessert; seine Hinterlassenschaft betrug zirka fünfunddreißigtausend Pfund, also nach heutigen Geldbegriffen mindestens eine Million Mark, ein Vermögen, dessen Ertrag seine Bedürfnisse, die sich in nichts geändert hatten, weit überstieg. So lehnte er denn mit bestem Dank alles ab.

Sein achtzigster Geburtstag war ein Festtag für ganz England. Von allen Seiten kamen Medaillen, Adressen und Briefe. Am meisten erfreute ihn ein Schreiben Bismarcks, das mit den Worten schloß: »Was Sie vor langen Jahren von dem ›heldenhaften‹ Schrift-steller gesagt, er stehe unter dem edlen Zwange, wahr sein zu müs-sen, hat sich an Ihnen erfüllt; aber glücklicher als diejenigen, über welche Sie damals sprachen, freuen Sie sich des Geschaffenen und schaffen weiter in reicher Kraft, die Ihnen Gott noch lange erhalten möge.«

Bismarck hat irrtümlich geglaubt, Carlyle sei erst siebzig Jahre alt; er konnte ihm daher eine lange Fortdauer seines Lebens wünschen. Carlyle teilte diesen Wunsch nicht mehr. Er war, wie es in der Bibel von den Patriarchen heißt, »alt und lebenssatt«. Gleichwohl ver-brachte er noch ein halbes Jahrzehnt in seiner bisherigen Lebens-form. Seine Kräfte nahmen nicht merklich ab, er machte seine ge-wohnten Spaziergänge, las und diktierte bisweilen, empfing auch nach wie vor Besuche. Erst gegen Ende des Jahres 1880 begann er schwächer zu werden; vermutlich infolge des besonders strengen Winters. Er starb am 5. Februar 1881, um halb neun Uhr morgens im sechsundachtzigsten Lebensjahre. Als Froude zu ihm kam, war er schon eine Stunde tot. »Ruhig und still lag er da, ein Ausdruck liebevoller Zartheit hatte seinen Zügen eine fast weibliche Schönheit verliehen. Ich habe Ähnliches auf katholischen Bildern verstorbener Heiliger gesehen, aber niemals vorher oder nachher auf irgendei-nem menschlichen Antlitz.« Man wünschte ihn in der Westminster-abtei beizusetzen; aber er hatte in seinem Testament bestimmt, daß er in der alten Familiengruft in Ecclefechan begraben werde, nach presbyterianischem Ritus, ohne alle Zeremonien.

Die Vorträge » *Über Helden, Heldenverehrung und das Heroische in der Geschichte*« sind Carlyles repräsentativstes Werk. Wie alle bedeu-tenden und fruchtbaren Bücher, ist auch dieses von einem einzigen großen Gedanken getragen, um den sich alles andere zwanglos und zwingend gruppiert, und wie alle bedeutenden und fruchtbaren Gedanken ist auch dieser sehr einfach und naheliegend. Man hatte bisher unter einem Helden etwas besonders Glänzendes, Pomphaf-tes verstanden, eine Art dankbare Bühnenfigur. Carlyle zeigt nun, daß der Held sich gerade durch seine Schlichtheit von den anderen abhebt, durch sein stummes, anspruchsloses Wirken im Dienste einer Idee, die ihn erfüllt und geheimnisvoll vorwärtsleitet. Seine

Haupteigenschaft besteht darin, daß er immer die Wahrheit redet, immer auf Tatsachen fußt; alle anderen Merkmale sind sekundär. Er ist der tapferste Mensch; aber seine Tapferkeit hat nichts Blendendes, Theatralisches: er besteht keine bunten, wunderbaren Abenteuer mit Drachen und Zauberern, sondern er kämpft den weit schwierigeren Kampf mit der Wirklichkeit.

Lord Macauley

Auf Sir John Lubbocks Liste der » *one hundred books*«, die jeder Gebildete lesen und besitzen müsse, stehen auch Macaulays » *Essays*«. Zahlreiche englische Verleger haben die »Klassiker« herausgegeben (worunter man aber in England nicht wie in Deutschland Zelebritäten versteht, denen jedermann scheu und ehrfurchtsvoll ausweicht, sondern Lieblinge, die alle Welt gierig liest), und in keiner dieser Sammlungen fehlt Macaulay: seine Schriften sind in der angelsächsischen Welt in vielen Millionen verbreitet. Das ist besonders bemerkenswert, weil er weder effektvolle Dramen und spannende Romane noch Liebesgedichte oder Humoresken produziert hat, sondern streng wissenschaftliche Literatur; obgleich er seine Untersuchungen auf unschmackhafte und schwerverdauliche Themen gerichtet hat, ist er dennoch überall zu finden: in der Bluse des Arbeiters so gut wie im Strandkorb der Lady, und er behauptet seinen Platz neben Bulwer, Dickens und Scott. Woher kommt diese seltsame Popularität? Ist sie wirklich nur, wie ihm nicht selten vorgeworfen worden ist, die Folge einer gewissen Glätte und Oberflächlichkeit, einer geschickten Anpassung an die geringen und niedrigen Bedürfnisse des Publikums?

Ein Erfolg, wie ihn Macaulay jetzt schon seit fast drei Menschenaltern genießt, kann mit einem solchen servilen Eingehen auf die Wünsche der Masse niemals erklärt werden. Eine so große und dauernde Verbreitung spricht allemal und unter allen Umständen für die Qualität eines Autors; sie kann immer nur in irgendeiner geistigen und moralischen Kraftquelle ihren Ursprung haben. Damit Millionen menschlicher Seelen antworten, muß eine menschliche Seele gesprochen haben, und zwar stark, tönend und lebendig. Und es muß eine echte Stimme gewesen sein, keine nachgemachte, und eine volle und reiche Stimme, keine nichtssagende und leere. Ein Betrug, erzielt durch schlaues Ausnützen gewisser niederer Instinkte oder platter Modebedürfnisse, kann Wochen oder Monate dauern: jedes Jahr bringt solche Erfolge; aber nicht länger. Und man muß sogar sagen, daß selbst die Bucherfolge, die scheinbar mit den billigsten und gewöhnlichsten Mitteln erreicht werden, immer einem seltenen Maß von Können, ja von innerer Aufrichtigkeit zu verdanken sind. Die Detektivromane Conan Doyles zum Beispiel, die der »literarisch« orientierte Kritiker belächelt, sind in Wahrheit kleine Meisterwerke: nicht der hohen Poesie, aber der soliden, ehrlichen und tüchtigen Technik; nicht Kunst, aber bestes Kunsthandwerk. Eine minutiöse, überaus exakte Kombinationsarbeit war nötig, um alle Teile und Teilchen, alle Schrauben und Räder so sorgfältig und genau ineinander zu passen, daß das ganze Spielwerk schließlich so glatt und beschwingt, so fehlerlos und lückenlos vor dem Leser abschnurren konnte. Ein klarer und bündiger Geist, eine treue und emsige Liebe zur Sache war nötig; und noch mehr: denn blickt man näher zu, so sind diese Detektiverzählungen ein sehr lehrreicher, sehr scharfer, sehr *aufrichtiger* Querschnitt durch die heutige englische Gesellschaft, der ungewollt mehr psychologische Aufschlüsse liefert als viele prätentiöse Sozialromane. Ja, selbst wenn wir die Indianergeschichten Karl Mays lesen, dessen Namen kein Literarhistoriker ohne Schaudern aussprechen wird, wenn er ihn überhaupt ausspricht: so bemerken wir, daß auch hier der Erfolg der Ausfluß einer eigentümlichen und echten Fähigkeit war. Ein kindischer, undisziplinierter, banaler Geist zweifellos: aber dahinter schlug das Herz eines ewigen Schulknaben mit seiner absurden, aber starken Einbildungskraft, seinem ohnmächtigen, aber liebenswerten Idealismus. Man hat die Anklage erhoben, daß Karl May überhaupt nie in Amerika gewesen sei: sehr leicht möglich, aus seinen Dichtungen geht jedenfalls nicht hervor, daß er dort war; aber wozu auch? Er hatte ja nicht ein Amerika zu schildern, wie es wirklich ist, sondern jenes unmögliche, wie es sich aus den heroischen und törichten Phantasieblasen zusammensetzt, die die Sehnsucht der Pubertät wirft.

AAA Also selbst in diesen »Niederungen« spricht jeder Erfolg für sich selbst. Das Publikum hat nämlich immer recht. Wenn eine bestimmte Anzahl von Menschen, und je mehr, desto besser, sich vereinigen, um sich von irgend einem Erlebnis gemeinsam ergreifen zu lassen, so hören sie plötzlich auf, Privatmenschen zu sein, und aus ihnen tritt siegreich der Wille der Gattung hervor, jene fortschrittlichste, instinktsichere und unendlich weise Kraft, die unsern Planeten regiert. Als Chamfort eines Tages ein Buch lobte und man ihm die gegenteilige Meinung des Publikums entgegenhielt, rief er entrüstet aus: »Das Publikum! Das Publikum! Wieviel Dummköpfe müssen denn zusammenkommen, damit ein Publikum entsteht?«

Diese Frage ließe sich vielleicht folgendermaßen beantworten: man kann natürlich nicht genau feststellen, wieviel Dummköpfe nötig sind, um ein Publikum zu bilden; aber wenn genug von ihnen beisammen sind, so entsteht etwas, das viel gescheiter ist als sie. »Die Natur«, sagt Emerson, »läutert ununterbrochen ihr Wasser und ihren Wein: kein Filter kann so vollkommen sein. Was für eine furchtbare Überprüfung muß ein Werk durchgemacht haben, damit es nach zwanzig Jahren wieder erscheinen darf; und wenn es gar nach einem Jahrhundert wieder gedruckt wird! Dann ist es, als ob Minos und Rhadamanthys ihr Imprimatur gegeben hätten.« Die Menschheit pflegt ihre Ehrungen nicht zu verschenken. *Ex nihilo nihil fit:* wo Rauch ist, muß Feuer sein oder doch gewesen sein.

Die fortwirkende Beliebtheit Macaulays erklärt sich zunächst daraus, daß in ihm zwei Eigenschaften zusammenkamen, deren Vereinigung bei einem antiken Autor selbstverständlich, bei einem modernen aber äußerst selten ist: er besaß bedeutende Kenntnisse und zugleich die Kunst, sie mitzuteilen. Wenn man unter einem Schriftsteller einen Menschen verstehen darf, der über die Gabe verfügt, seine Beobachtungen und Empfindungen leicht und sicher auf andere zu übertragen, der imstande ist, alles, was in ihm ist, so aus sich herauszuprojizieren, daß es für jedermann ins Licht tritt, Umriß und Gestalt annimmt, kurz einen Menschen, der in der vollkommensten Weise befähigt ist, seine *Eindrücke auszudrücken:* dann müssen wir in Macaulay das Muster eines Schriftstellers erblicken. Seine Sprache besitzt das Geheimnis, Anmut mit deutlicher Bestimmtheit, Farbigkeit mit Durchsichtigkeit und Fülle mit Klarheit zu verbinden. Es herrscht bei ihm ein gediegener Prunk; Glanz, Reichtum und Kolorit leben nicht auf Kosten der Solidität, Gründlichkeit und Wohldurchdachtheit: seine Belehrung ist ebenso nahrhaft wie wohlschmeckend. Macaulays Essays sind Unterhaltungsliteratur im edelsten Sinne des Wortes. Alles, auch das Sprödeste und Trockenste, wird unter seinen Händen anziehend und genießbar; und er vergibt sich dabei nie das geringste. So erstaunlich die Vielfältigkeit seiner Bildung und die Treffsicherheit seiner Menschenkenntnis ist, so tritt sie doch niemals aufdringlich hervor. Seine Untersuchungsweise ist allseitig, tief dringend, ruhig und vornehm; es gibt wenige so *kluge* Denker wie Macaulay. Und fast gar keine, die so ausgezeichnete Manieren hätten, Er bleibt stets der Lord, er ist gleichsam immer in » *dress*«: soigniert, verbindlich, voll Takt und Form, vermutlich der eleganteste Schriftsteller, der je in englischer Sprache geschrieben hat, vor allem durch seine noble Einfachheit. Alles »sitzt« bei ihm, hat Tenue und Tournure, jedes Wort ist an seinem richtigen Platz, nie sagt er zu viel, nie zu wenig, und das Ganze schwimmt in einer wohltuenden Atmosphäre schöner Sachlichkeit, einer Sachlichkeit, die allerdings weniger aus einem weiten und vollen Herzen entspringt als aus einem feinen und wohlgeordneten Verstand und daher auch nur eine scheinbare und angenommene ist; denn wie gerade in den besten Salons oft die giftigsten Sottisen zu hören sind, so verbirgt sich hinter der schriftstellerischen Wohlerzogenheit Macaulays oft genug die Malice und Einseitigkeit eines fanatischen Whigs.

In der Tat hat Macaulays Art, die Zusammenhänge zu sehen, bei aller Weite der Einsicht etwas Juristisches: er verschmäht es zwar meistens (nicht immer), den Menschen und Ereignissen als Parteienvertreter, als Advokat oder Staatsanwalt gegenüberzutreten: vielmehr ist er bemüht, die objektive Rolle des Gerichtspräsidenten zu spielen; aber bekanntlich kann auch dieser, da er ja immer den Ausdruck einer bestimmten Staatsanschauung darstellt, niemals gänzlich objektiv sein, er ist und bleibt eben Jurist, Verteidiger bestimmter, höchst einseitiger Gesetze. Und überhaupt kann diese ganze Einstellung Macaulays, die ihn überall (freilich oft unbewußt) leitet: daß nämlich die Weltgeschichte ein Prozeß sei, der vor dem erleuchteten Urteil der »Jetztzeit« ausgetragen werde, weder die Bedürfnisse einer künstlerischen Weltanschauung noch die Forderungen einer wirklich hohen Moral befriedigen. Künstlerisch nennen wir eine Welt- und Menschenansicht, die in ihrem Gegenstande möglichst vollständig zu verschwinden sucht, die ihr Objekt nicht von außen her, durch fremdes Licht erhellt, sondern von innen heraus, aus seinem eigenen Kern erleuchtet. Eine Beleuchtungsweise von der Art Macaulays wirft ihr Licht bloß auf die Dinge und kann daher naturgemäß nur deren Oberfläche treffen, die sie dann freilich scharf und glänzend zu beleuchten versteht: sie macht ihre Gegenstände bloß *sichtbar*. Eine Betrachtung künstlerischer Art jedoch wirft ihr Licht in die Dinge, stellt sich erhellend ins Zentrum der Dinge: sie macht ihre Gegenstände *selbstleuchtend*. Und ebensowenig ist Macaulays Verhältnis zu seinen Objekten im höchsten

Sinne moralisch, vielmehr spricht aus ihm jene selbstzufriedene, engstirnige, rechthaberische Moralität zweiten Ranges, die das Merkmal und Stigma aller bürgerlicher Zeitalter bildet. Hier steht er, der aufgeklärte, rechtliche, zivilisationsstolze Liberale, im erhebenden Besitz von Kunstdünger, Dampfmaschine, Preßfreiheit und allgemeinem Wahlrecht und teilt Sittennoten aus: Vergangenheit, Gegenwart und Zukunft entrollen sich vor seinem Auge nicht als gottgewollte Mysterien, sondern als menschengeschaffene Rationalitäten.

Folgt man Macaulays gescheiten, sorgfältigen und wohlunterrichteten Deduktionen, so kann man sich schwer dem Eindruck entziehen, einen wohlwollenden, seine geistige Überlegenheit jedoch ziemlich merklich und bisweilen nicht ohne Suffisance zur Geltung bringenden Lehrer sprechen zu hören. Will man sich Macaulays Grenzen deutlich machen, so braucht man ihn nur mit seinem großen Zeitgenossen und Antipoden Carlyle zu vergleichen: Carlyle, dem die Form nichts, das Gefühl alles ist, dessen Sätze dahinschießen wie die Wasser eines Gebirgsbachs über Steine und Gestrüpp, dessen Gedanken sich gewaltsam nach außen entladen wie die glühenden Eruptionen eines Vulkans. Macaulay war ein unübertrefflicher Kenner und Schilderer des Wirklichen; aber die Gabe des zweiten Gesichts, die Carlyle in so seltenem Maße eigen war, besaß er nicht.

Aber gerade wenn wir Macaulays Schranken betrachten, gelangen wir zu dem zweiten Grund, dem er seine außerordentliche Popularität verdankt. Damit ein Autor in die Gunst des großen Publikums eindringe, muß er irgend einen wichtigen Lebensnerv dieses Publikums berührt haben, eine der Hauptadern, durch die sich der Blutkreislauf des öffentlichen Lebens bewegt. Und es war eben gerade Macaulays Betrachtungsart, in der die Menschen seiner Zeit sich wiedererkannten. Er sprach mit starker und wohlklingender Stimme aus, was Millionen stumm dachten. Er war der klare, glänzende Spiegel, in dem der Mensch des viktorianischen Zeitalters, ja überhaupt der englische Mensch voll Vergnügen sein Porträt erblicken durfte: der kühle, wohlinformierte, weitblickende Engländer mit seinem leidenschaftlichen Positivismus, seinem praktischen Genie, seiner gesunden Mischung aus Konsequenz und Anpassungsfähigkeit, seinem welterobernden Tatsachensinn, Gentleman, Gelehrter und Weltreisender in einer Person, in der einen Hand den Kompaß, in der andern die Times. Und auch die wichtige Ingredienz des cant findet sich in Macaulays Seelenmixtur, jene Eigenschaft, für die kein anderes Volk der Welt ein Wort besitzt und die man vielleicht am ehesten als »ehrliche Verlogenheit« bezeichnen könnte.

Macaulay liebt es bisweilen, Dichter und Dichtungen wie in der Schule zu lozieren, indem er zum Beispiel von der englischen Literatur des achtzehnten Jahrhunderts sagt, sie enthalte » *no poetry of the very highest class, and little which could be placed very high in ihe second class*«, oder von den lateinischen Gedichten, die die Neuzeit hervorgebracht hat: » *none of those poems can be ranked in ihe first class of art, or even very high in the second*«. Wollte man versuchen, zu einem resümierenden Urteil über Macaulay zu gelangen, so würde man vielleicht sagen müssen, indem man sich seiner eigenen Redeweise bedient, jedoch mit einer für ihn vorteilhaften Variation: er gehört nicht in die erste Klasse der Menschen, die die Feder zu ihrem Ausdrucksmittel gewählt haben; aber in der zweiten Klasse sitzt er sehr hoch oben.

Emerson

In Emersons Lebenslauf war nichts von dem, was die Franzosen *la vie à grande vitesse* nennen. Nie betrat er die Bühne der großen Welt, nie war er in Kriegsabenteuer, politische Aktionen, spannende Liebesgeschichten, interessante psychologische Konflikte verwickelt. Sein Leben hatte gar nichts Romanhaftes und Romantisches. Selbst wenn es erlaubt wäre, von der Wahrheit der Tatsachen abzuweichen und seine Lebensgeschichte phantastisch auszuschmücken, müßte die beweglichste und reichste Einbildungskraft an einer solchen Aufgabe versagen. Denn die Grundeigenschaft, die Emerson als Mensch wie als Schriftsteller in gleichem Maße kennzeichnete, war eine ungeheure Selbstverständlichkeit, zu der alle aufregenden, auffallenden und überraschenden Züge nicht passen wollen.

Nur wenigen Menschen kann man die Ehre erweisen, daß man sie mit einer Pflanze, einem Kristall oder einem Bergstrom vergleicht. In der Entwicklung fast aller Menschen sind Sprünge, Risse, unorganische Beimengungen, Gewolltheiten. Statt ihre natürlichen Lebensbedingungen begierig aufzusuchen, streben sie danach, sie willkürlich zu verändern. In Emersons Biographie finden wir nichts von alledem. Sein Leben floß mit der einfachen und ausgeglichenen Richtkraft eines Stromes dahin, der sich selbst sein Bett gräbt und durch die natürlichen Fallgesetze seinen Lauf bestimmt.

Ralph Waldo Emerson wurde am 25. Mai 1803 in Boston geboren. Sein Vater William Emerson war dort Prediger an der »Ersten Kirche«; seine Mutter hieß Ruth und war eine geborene Haskins. Fast alle Emersons sind Prediger gewesen, und obgleich Emerson schon sehr früh einen gewissen Abscheu gegen allen theologischen und kirchlichen Formalismus faßte, so ist ihm doch sein ganzes Leben hindurch ein gewisser pastoraler Grundzug treugeblieben, nämlich das leidenschaftliche Bedürfnis, sich allen Klassen der Gesellschaft durch Rede und Schrift einleuchtend mitzuteilen und auf weite Kreise belehrend und fördernd einzuwirken.

Die Gaben, die Emerson später eine so glänzende und eindrucksvolle Wirksamkeit ermöglichten, waren im Vater bereits vorgebildet, der nicht nur als Redner berühmt war, sondern auch als Verfasser einer Geschichte seiner Kirche, als Herausgeber einer Sammlung von Kirchenliedern und als Verleger der Zeitschrift » Monthly Anthology« eine geachtete schriftstellerische Tätigkeit entwickelte. Er war von heiterem und geselligem Naturell, hatte für die literarischen und künstlerischen Fragen der Zeit ein lebhaftes und verständnisvolles Interesse und stellte sich in seinen theologischen Überzeugungen gegen die calvinistische Reaktion auf die Seite der freidenkerischen Partei, indem er den Schwerpunkt der christlichen Lehre von der Dogmatik in die Ethik verlegte.

Pastor William Emerson starb im Mai 1811. Die Witwe wäre mit ihren fünf Jungen, deren ältester zehn Jahre alt war, der Not ausgesetzt gewesen, wenn die Kirche nicht das volle Gehalt sechs Monate weitergezahlt und sich außerdem für die nächsten sieben Jahre zu einer Rente von 500 Dollars verpflichtet hätte. Immerhin war die finanzielle Lage der Familie ziemlich ungünstig, und Mrs. Emerson mußte eine Pension aufmachen.

Ralph Waldo besuchte schon mit drei Jahren den Kindergarten und lernte lesen. Dann kam er in die Elementarschule des Mr. Lawson Lyon, zog es jedoch häufig vor, die Schulzeit auf der Gemeindewiese zu verbringen. Im Jahre 1813 trat er in die lateinische Schule ein, wo er seine Vorbereitung zur Universität empfing. Neben der Mutter war damals Tante Mary Moody Emerson die wichtigste Person im Hause, eine echt amerikanische Figur, voll Schrullen und Querköpfigkeiten, aber von ausgezeichneter Geistes- und Charakterbildung. Sie scheint bei aller persönlicher Güte ein ziemlich strenges Regiment geführt zu haben, denn sie hielt bei den Kindern mehr auf die Beschäftigung mit Büchern als auf die Spiele im Freien. In der Tat erwarben sich auch die Jungen sehr früh eine große Belesenheit. Die moralischen Grundsätze, die sie den Knaben einschärfte, hatten einen puritanisch-stoischen Zug und übten eine große Wirkung auf Emerson, der noch in späten Jahren Tante Marys Lieblingswahlspruch: »Tut stets das, wovor ihr euch fürchtet«, zu zitieren pflegte.

In der lateinischen Schule fing Emerson bereits an zu dichten, aber nicht besonders gut. Dagegen kam er im Lernen gut vorwärts, nur in der Mathematik nicht. Gegen Ende des Jahres 1814 machte sich die Geldnot in der Familie besonders drückend fühlbar und Dr.

Ezra Ripley lud die notleidenden Freunde in sein Haus in Concord. Concord (in Massachusetts, Grafschaft Middlesex) hat in der Familiengeschichte der Emersons immer eine große Rolle gespielt, und er sollte auch für Emerson selbst bedeutsam werden. Eine gewisse historische Berühmtheit hat der Ort dadurch erlangt, daß seine Einwohner am 19. April 1775 den Engländern den ersten bewaffneten Widerstand leisteten und hierdurch das Signal zum nordamerikanischen Befreiungskrieg gaben. Unter den Aufständischen befand sich auch Emersons Großvater, der in Concord Prediger war: er machte den Feldzug als Geistlicher mit und starb als ein Opfer des Krieges an der Malaria.

Vorläufig blieb Emerson jedoch nur ein halbes Jahr in Concord, wo er die Schule besuchte und wieder fleißig dichtete und deklamierte. Die weiten Maisfelder, die alten Eichen und Birken und der wilde Fluß waren für ihn neue und anziehende Dinge und weckten in ihm jenen tiefen und warmen Natursinn, der ihn sein ganzes ferneres Leben hindurch bei allen seinen Gedanken und Handlungen leiten sollte.

Im Sommer 1815 kehrte er nach Boston zurück, wo er sich weiter auf die Universität vorbereitete. Die Kosten des Haushaltes mußten durch Nachhilfestunden, Stipendien und Preisarbeiten aufgebracht werden. Im Jahre 1817 bezog er die Harvard-Universität, neben seinen Studien fortwährend mit allerlei schriftstellerischen Übungen: Tagebüchern, Aufsätzen, Gedichten und Vorträgen beschäftigt. 1821 bestand er das erste Examen mit mäßigem Erfolg.

Inzwischen hatte der um zwei Jahre ältere Bruder William in Boston eine » *finishing-school*« für junge Damen eröffnet und berief Ralph Waldo zur Mitarbeiterschaft. Emerson leistete dem Rufe bereitwillig Folge und oblag vier Jahre lang einem Berufe, zu dem er weder Neigung noch Fähigkeiten besaß. Zu seiner angeborenen Schüchternheit, die sich dem weiblichen Geschlechte gegenüber noch in erhöhtem Maße geltend machte, kam das natürliche Bewußtsein, daß er selbst noch ein Lernender sei. So gab er denn im Jahre 1825 den Unterricht endgültig auf, nachdem William schon ein Jahr vorher nach Göttingen gegangen war, um Theologie zu studieren.

In das Jahr 1825 fällt auch die erste Lektüre Montaignes. Emerson las die »Essays« zunächst in Cottons Übersetzung und fühlte sich aufs nachhaltigste ergriffen. In der Tat hat kaum ein zweiter Schriftsteller – selbst Plato nicht – einen so dauernden Einfluß auf Emersons Denk- und Ausdrucksweise genommen wie Montaigne. Die lockere Form der Darstellung, die zwanglos die verschiedenartigsten Gedanken aneinanderreiht, die derbe, bildkräftige Sprache, die Lebendigkeit und Wirklichkeitstreue der Schilderung, die unerschütterliche Wahrheitsliebe, der leidenschaftliche Drang, durch den Schleier der oberflächlichen Alltagsmeinungen und kritiklosen Überlieferungen an den wahren Kern aller Lebensverhältnisse zu dringen – dies alles sind schriftstellerische Charakterzüge, die Emerson und Montaigne in gleichem Maße eigen sind. So konnte denn auch Emerson nach vollendeter Lektüre sagen: »Es war mir, als hätte ich selbst in irgendeiner Präexistenz dieses Buch geschrieben.« Damals war es auch, daß er zum erstenmal den Gedanken der Ausgleichung, der sich durch alle seine Werke zieht, mit voller Deutlichkeit erfaßte. Er machte nun einen theologischen Kurs durch und hielt in Waltham seine erste Predigt. Dann ging er nach Chelmsford, wo er akademische Vorträge hielt. Indes zeigte sich schon damals, daß seine zarte Gesundheit den Anstrengungen des vielen und dauernden Redens nicht gewachsen war. Im Herbst 1826 wurde er als Prediger approbiert, mußte aber wegen eines Lungenleidens nach dem Süden gehen. Als er sich nach seiner Rückkehr noch nicht völlig hergestellt fühlte, beschloß er, sich Schonung aufzuerlegen, mietete sich ein Zimmer in Divinity-Hall und lebte dort länger als ein Jahr nur seinen Studien. Er las Hume und Coleridge, vertiefte sich in die Schriften Swedenborgs und lernte aus englischen Zeitschriften die Aufsätze Thomas Carlyles kennen, die sein höchstes Interesse erweckten. Ende 1827 verlobte er sich mit Ellen Tucker und fast gleichzeitig erhielt er einen Ruf an die zweite Kirche in Boston. Die Trauung fand im Herbst 1829 statt, aber schon nach anderthalbjähriger Ehe starb Ellen an der Auszehrung.

Doch auch seine Amtstätigkeit sollte seine Ehe nicht lange überdauern. Obgleich er zu seiner Gemeinde sehr bald in eine sehr herzliche und vertraute Beziehung trat, so meldeten sich doch ebenso schnell ernste innere Konflikte, die ihm die regelmäßige Ausübung des Predigerberufes unmöglich machten. Zunächst empfand er die

Aufgabe des pflichtmäßigen Betens, die immer von neuem an ihn herantrat, als widersinnig und unnatürlich. Sodann aber machten sich auch ernste Bedenken gegen die kirchlichen Formen geltend, in die der Gottesdienst eingekleidet war. Emerson fand, daß es nicht am Platze sei, an gewissen rein historischen Vorstellungen und Gebräuchen festzuhalten, die dem Menschen der Gegenwart nichts zu sagen haben. Er machte daher seiner Gemeinde den Vorschlag, vom Gebrauch von Brot und Wein abzusehen und sich lediglich an die symbolische Bedeutung dieser Handlung zu halten. Viele von den Gemeindemitgliedern waren bereit, diese Reform anzunehmen, während die Konservativeren diesem Vorschlag einen sehr natürlichen Widerstand entgegensetzten. Die Kirchenbehörde verbot denn auch die Einführung der Neuerung, und nachdem Emerson seine Pflichten und Bedenken noch einmal ernstlich in Erwägung gezogen hatte, legte er sein Amt nieder. Er setzte sich mit seinen Vorgesetzten und seinen Pfarrkindern ohne Groll auseinander und schied in größter Eintracht. Laute Skandalszenen waren niemals im Stil Emersons: es lag ihm immer nur daran, bestimmte geistige und sittliche Wahrheiten zu finden und nach ihnen zu leben; die Reklame des Revolutionärs oder Märtyrers schien ihm nie erstrebenswert.

Für sein Ausscheiden aus dem Amte mögen jedoch noch tiefere Beweggründe maßgebend gewesen sein. Einer so durchaus introspektiven, ganz auf sich selbst gestellten Natur wie Emerson konnte keine bürgerliche Berufstätigkeit auf die Dauer genügen; alle äußeren Handlungen konnten für ihn nichts anderes sein als ebensoviele Ablenkungen von seinen wahren Aufgaben. Nach allerlei Fehlgriffen und mißglückten Versuchen hatte er nun endlich erkannt, was sein wahrer Beruf sei: daß er dazu bestimmt sei, als ein klarer und aufrichtiger Beobachter durch die Natur und die Menschen zu gehen und in freier Muße seine Ergebnisse aufzuzeichnen. Und von diesem Augenblick an hat er nie mehr etwas getan, wozu er nicht ein tiefinnerliches Bedürfnis fühlte, obschon er niemals auf das Recht verzichtet hat, seine Beobachtungen den Menschen in Büchern und Vorträgen öffentlich mitzuteilen.

Da sein Gesundheitszustand wieder etwas bedenklicher wurde, unternahm er zunächst eine Reise nach Europa. Er sah Sizilien, Neapel, Rom, Florenz. Aber die alten Bilder und Paläste hatten ihm nicht viel zu sagen; er wußte, daß die Mission seines Lebens nicht die Bewunderung alter, sondern die Verkündigung neuer Dinge sei, und ganz unbefriedigt ging er durch die römischen Ruinen. Er begab sich nach England, und dort hatte er das einzige Reiseerlebnis, das ihm tief ging: er machte die Bekanntschaft Carlyles, die der Anfang einer langen und ungetrübten Freundschaft sein sollte. Obgleich die beiden Männer sich in ihrem Leben nur sehr selten sehen konnten und hauptsächlich auf den Briefverkehr beschränkt waren, so bestand doch von allem Anfang an zwischen ihnen eine tief begründete Wahlverwandtschaft, die auch ihre künstlerischen und wissenschaftlichen Überzeugungen durchdrang und für jedermann klar ist, der Carlyles » On hero-worship« mit Emersons » Representive men« vergleicht. Indes hat es sich hier weniger um eine Beeinflussung des einen durch den andern, als um eine wirkliche innere Solidarität gehandelt.

Schließlich war aber Emerson doch froh, als er seinen Fuß wieder auf amerikanischen Boden setzen konnte. Er blieb zunächst einige Zeit in Boston, wo er mit einigen hervorragenden Quäkern in Beziehung trat, deren Verkehr nicht ohne Einfluß auf ihn blieb. Ein gewisser Zug zum Puritanismus war Emerson durch Geburt, Neigung und Erziehung stets eigen.

Ende 1834 zog er mit seiner Mutter nach Concord, wo er sich ein Haus und einen Garten kaufte. Auch die gute Tante Mary war wieder da, und in Lydia Jackson fand er eine Lebensgefährtin. In Concord, dem Städtchen, das vor zweihundert Jahren von seinen Vorfahren gegründet worden war, blieb er den ganzen Rest seines Lebens, und hier hat er sein Lebenswerk begonnen und vollendet. Von nun an verlief sein Dasein noch stiller und unauffälliger als bisher. Er hatte den archimedischen Punkt gefunden, von dem aus er die Welt in Bewegung setzen konnte, und er brauchte nun bloß noch die Muße, den Frieden eigenen Nachdenkens und den Verkehr mit einfachen Menschen und der Natur. Beides fand er in Concord in reichem Maße. Die einsamen Spaziergänge im Walde gaben ihm frische Kraft und Anregung: seine Gedanken sind alle »Kinder des Waldes«, wie er selbst sie genannt hat. Am liebsten sprach er mit Fuhrleuten und Handwerkern, denn er erkannte die verborgene Weisheit, die in den Reden solcher Menschen liegt. Seine Beobachtungen schrieb er in Tagebücher, die er mit Inhaltsverzeichnissen versah und für seine Reden und Essays verwandte. Daneben war er eifrig in seinem Garten tätig, aber mit weit geringerer Geschicklichkeit.

An den politischen und wirtschaftlichen Kämpfen Amerikas hat er sich bis zu einem gewissen Grade beteiligt. Er trat entschieden für den Freihandel ein, und in dem hartnäckigen Kampf, den die Nordstaaten gegen das Sklavereisystem der Südstaaten führten, stellte er sich natürlich auf die Seite der Abolitionisten. Er schrieb auch eine Abhandlung » *The emancipation of the negroes in the British West Indies*« und hielt eine Rede auf den Tod des Präsidenten Lincoln. Aber im Grunde fühlte er doch, daß seine Lebensaufgabe auf einem anderen Felde liege und daß er andere Sklaven zu befreien habe, nämlich »gefangene Geister und gefangene Gedanken«.

Sein Aufenthalt in Concord wurde nur durch alljährliche ziemlich anstrengende Vortragsreisen und zwei Reisen nach Europa unterbrochen. Die erste dieser beiden Europareisen machte er 1848 nach England, wo er Vorlesungen über » *the mind and manners of the nineteenth Century*« hielt; die zweite fiel in den Winter 1872/73. Im vorhergegangenen Juli brannte nachts plötzlich sein Haus nieder. Seine Freunde rieten ihm, zur Wiederherstellung seiner durch die nächtlichen Löscharbeiten angegriffenen Gesundheit nach Italien und Ägypten zu reisen: der wahre Grund war, daß sie während seiner Abwesenheit das Haus heimlich wieder aufbauen wollten. Er sah auf dieser Reise zum letzten Male seinen alten Freund Carlyle, der sich jedoch in recht gedrückter und trübseliger Stimmung befand. Als er mit seiner Tochter Ellen, die ihn begleitet hatte, nach Concord zurückkam, läuteten alle Glocken und die ganze Stadt war auf dem Bahnhof versammelt.

In den letzten zehn Jahren seines Lebens gingen seine geistigen Kräfte sichtlich zurück, und dies legte ihm den Wunsch nahe, durch Mr. James Cabot eine Gesamtausgabe seiner Werke veranstaltet zu sehen. Dieser erklärte sich sofort bereit und entledigte sich seiner Aufgabe in mustergültiger Weise. Die Ausgabe erschien nach Emersons Tode bei Routledge in London.

1867 wurde Emerson zum Inspektor der Harvard-Universität ernannt, 1875 wurde er Mitglied der Französischen Akademie. Bis 1880 hielt er immer noch einige Wintervorträge und noch im April

1882 wohnte er dem Leichenbegängnis Longfellows bei. Wenige Tage später stellte sich wieder die alte Lungenentzündung ein. Er legte sich zu Bett, blieb aber heiter und geistig frisch. Am Nachmittag des 27. April stellten sich einige Schmerzen ein, die sein Sohn Edward Waldo, der ihn behandelte, durch Äthereinspritzungen linderte. Gegen Abend schlief er ein und starb kurz darauf völlig ruhig und schmerzlos.

Diese kurzen Umrisse geben uns die wichtigsten äußeren Tatsachen, die Emersons Lebensgang aufzuweisen hat. Seine wahre Lebensgeschichte ist jedoch nicht in diesen belanglosen und dürftigen Daten, sondern in seinen Tagebüchern, den unerschöpflichen Magazinen, aus denen er für sich und andere Belehrung, Trost und Anregung holte.

Das Lebenswerk eines Denkers gleicht einem lebensgroßen Gemälde seiner Persönlichkeit. Das Material, aus dem Emerson seine Essays und Reden zusammenstellte, bestand aus kurzen Tagebuchnotizen, die er auf lose Blätter schrieb.

Carlyle hat Emersons Schriften höchst treffend » *a true soul's soliloquy*« genannt, und nur wenn sie so gelesen werden, können sie richtig verstanden und genossen werden.

Es wäre ein zweckloser Versuch, wenn man ihm Anhänger gewinnen wollte, denn wer nicht aus jeder Zeile, die er geschrieben hat, den Ton der bezwingenden Güte und leidenschaftlichen Aufrichtigkeit spürt, für den hat Emerson nicht geschrieben. Emerson wirkt wie eine Naturerscheinung. Wie ein Stück Erde, ein Baum oder eine Landschaft, bedarf er weder der Erklärung noch des Lobes. Zur Freude an der Natur kann man niemand überreden, zur Freude an Emerson auch nicht.

Seine Gedanken sind heute für uns jung, denn sie kommen aus einem Weltteil, der sich rascher und unter anderen Bedingungen entwickelt hat als der unsrige. Aber sie werden auch in späteren Zeiten niemals altern und den Zeitgeschmack überdauern, denn Emerson schöpft aus zwei Quellen, die immer frisch bleiben: aus der Natur und aus seinem Herzen. Daher hat er allen Menschen und allen Zeiten etwas zu sagen, und er hat so wenig mit der Mode etwas zu schaffen, wie die übrigen seltenen Männer seiner Art, die von Zeit zu Zeit erscheinen, um das Wort Vauvenargues' zu bewahrheiten: » *Les grandes pensées viennent du coeur.*«

Peter Altenberg

Vor Jahren erschienen in Wien eine kurze Zeit lang dünne abscheulich grasgrüne Wochenhefte, die den Titel » *Liebelei*« führten. Der Name knüpfte unmittelbar an Schnitzlers Schauspiel an, das erste erfolgreiche Bühnenwerk der österreichischen »Moderne«, das das Wiener Publikum offenbar für ein rührendes Volksstück genommen und dementsprechend bejubelt hatte. Die kleine Zeitschrift desselben Namens, angefüllt mit verschlungenen Lyrismen, polemischen Donquixoterien und Gymnasiastenerotik, eine Art billige Öldruckkopie der Berliner »Freien Bühne«, galt als das Organ der Jungen und Revolutionären, erregte allenthalben unbändigen Verdruß durch ihre Überspanntheit und jugendliche Hast und ging sofort wieder ein. Am meisten aber erbitterte eine Anzahl von Skizzen, mit denen ein Autor debütierte, der sich als ebenso unverständlich wie albern erwies: es waren lauter ganz kurze Sachen, konfuse Zwitterprodukte aus geistreichelnder Aphoristik, affektierter Prosalyrik und larmoyanter Miniaturnovelle. Man forschte nach dem Verfasser und eruierte, daß er mit einem exaltierten Sonderling identisch sei, der sich auch schon vorher, ohne zu schreiben, lästig gemacht hatte, indem er in Caféhäusern aufrührerische Reden gegen den Philister und für die Frau hielt, nie einen steifen Kragen trug, dagegen lederne Reitgamaschen, ohne jedoch jemals zu Pferde erblickt zu werden, die Nacht zum Tage machte, gemeinen Straßendirnen in zartester Weise hofierte, nicht selten mit Kellnern, Fiakern und Zuhältern in angeregter Konversation betroffen wurde und sämtlichen Frauen von der Caféhauskassierin bis zur Doktorin der Philosophie durch lächerliches und widersinniges Geschwätz den Kopf verdrehte. Da er seine Skizzen mit dem Eingehen der »Liebelei« nicht einstellte, wurde sein Name zu einem Kollektivbegriff für moderne Paranoia, Sensationslust, Selbstberäucherung und Originalitätshascherei, und man sagte von da an, wenn man über die Arbeit eines strebsamen jungen Literaten ein besonders vernichtendes Urteil abgeben wollte, in aller Kürze: »Das ist echter Peter Altenberg.« Über Nacht war dieser Name aus einem *nomen proprium* zu einem Gattungsbegriff geworden, und man sagte »Altenberg«, wie man »Cagliostro«, »Casanova« oder »Catilina« sagt.

Schließlich wäre das ja auch schon etwas. Ein Schlagwort wird nicht jeder erste Beste. Es ist immer etwas Wahres an allen diesen Etiketten, die der Kollektivgeist des Publikums erfindet. Cagliostro war ja wirklich der genialste und vollkommenste Schwindler, der je gelebt hat, man möchte sagen: die platonische Idee des Schwindlers. Und ebenso hatte die Menge auch sogleich ganz richtig erfaßt, daß dieser Dichter eben wirklich die kühnste und extremste Zusammenfassung alles dessen war, was als »modern« gebrandmarkt zu werden verdiente. Man hatte diesen Namen zum Generalnenner einer bestimmten – höchst verwerflichen – Geistesrichtung gemacht; aber, wie man es auch nehmen will, es war ein verstecktes Avancement. Man traute diesem Namen die Kraft zu, eine Ehrenbeleidigung zu sein; also hielt man seinen Träger jedenfalls für die höchst intensive, konzentrierte Verkörperung gewisser schlechter Eigenschaften, also für eine Persönlichkeit. Wie Jago als der Gipfel schwärzester Verruchtheit gilt, so galt dieser Dichter als der Gipfel schwärzester Modernität. Nun, mehr werden auch seine größten Verehrer nicht von ihm behaupten wollen.

Der Wille zur Chiffre

Das Publikum hatte also hierin ganz recht. Es hatte aber auch weiterhin völlig recht in sämtlichen miserablen Einzeleigenschaften, die es ihm beilegte. Das Publikum hat nämlich immer recht, weil es den Instinkt hat. Aber: – es drückt sich zumeist falsch aus. Oder eigentlich nur: zu wenig genau, zu allgemein, zu undifferenziert. Es hat einen zu geringen Sprachschatz. Es hat immer nur ein einziges Wort für zwanzig divergente Begriffe. Wir sahen, daß es Goethe einen Olympier nennt, und mit Recht; aber was ist ein Olympier? Daß es behauptet, der moderne Mensch sei dekadent, und damit zweifellos den Nagel auf den Kopf trifft; aber was ist dekadent? Ferner heißt es Ibsen den »Magus aus dem Norden«. Eine höchst glücklich gewählte Bezeichnung, die nichts dadurch verliert, daß sie schon einmal mit ebensoviel Glück auf den tiefsinnigen Hamann angewendet wurde. Die Beobachtung ist sogar so treffend, daß man darüber ein ganzes Buch schreiben könnte, ein Buch, das dann diesem Schlagwort als Kommentar angehängt würde. Dieses Buch zu schreiben oder vielmehr zu denken unterläßt aber das Publikum, und darin hat es unrecht. Es begnügt sich mit dem Stichwort. Es sagt: Nietzsche sei unmoralisch. Nun, Nietzsche hat selber niemals etwas anderes behauptet. Aber wie dies im Näheren gemeint sei, darüber war er genötigt zehn Bände der tiefsten deutschen Prosa zu schreiben. Das Publikum aber zieht es vor, sich an das bloße Resultat zu halten, ohne die dicken zehn Bände, es liebt ein abgekürztes Verfahren. Es ist für prägnante, einmalige Formeln: »Der Mensch stammt vom Affen ab«, »Die Kunst soll uns erheben« und »Unsere Zukunft liegt auf dem Wasser«.

So einfach ist der Fall aber nicht. Der Wille zur Chiffre, wie man diese allgemeine Tendenz der Menge nennen könnte, ist etwas sehr Löbliches; aber die Chiffre ist entweder die Urzelle einer langen Entwicklung oder sie ist das organische Endprodukt einer ebenso langen Entwicklung. Man kann diese Entwicklung nicht willkürlich überspringen, sonst ist der Schlußpunkt ein Unsinn. Man kann nicht sagen: »Shaw ist ein Ironiker. Punktum.« Er ist es zweifellos, und zwar in so hohem Maße, daß er in jedem seiner Lustspiele ein ganz anderer Ironiker ist. Wenn man eben nur wüßte, was das ist: ein Ironiker? Jesus war ein Ironiker, als ihn Pilatus fragte, ob er der König der Juden sei, und er erwiderte: »Du sagst es«, und Falstaff ist ein Ironiker; Aristophanes war ein Ironiker, als er gegen seinen vollkommensten Antipoden, den Ironiker Sokrates die »Wolken« schrieb; Huß war ein Ironiker, als er auf dem Scheiterhaufen » *sancta simplicitas*« rief, und der Oberkellner in meinem Stammcafé ist es schließlich auch.

Also recht hat das Publikum immer, aber es weiß gar nichts mit seinen richtigen Urteilen anzufangen. Und wenn es Schiller einen Feuergeist, Napoleon einen Usurpator und Kaiser Maximilian den letzten Ritter nennt, so ist es dadurch nicht klüger geworden.

Ebenso verhält es sich auch mit Peter Altenberg. Er ist, was man von ihm sagt. Er ist kein Umfassender und überhaupt in keiner Richtung ein Vollkommener. Er ist kein Gestalter weithinleuchtender Typen; aber auch das Individualisieren versteht er nicht. Er ist nicht einmal ein Schriftsteller, soweit man unter Schriftstellerei die Gabe versteht, die Dinge zu sagen, so unzweideutig und eindringlich, daß sie alle verstehen müssen und nahezu alle glauben müssen. Er ist kein Lyriker, denn er hat keine Form. Er ist kein Epiker, denn er hat keine Handlung. Er ist kein Philosoph, denn er hat kein

System. Seine Gedanken sind barock, sein Stil ist salopp, seine Pathetik ist überheizt. Und im Leben ist er ein Narr.

Inwiefern er dies aber im genaueren ist, das wollen wir im nachfolgenden ein wenig betrachten.

Der protokollierte Schriftsteller

Mit der Schriftstellerei hat sich in den letzten Jahrzehnten eine bemerkenswerte Wandlung vollzogen. Nach vielen Kämpfen und Mißhelligkeiten ist sie jetzt endlich ein Beruf geworden, ein ehrlicher, wohlakkreditierter Beruf wie jeder andere; mit bestimmten technischen Fähigkeiten und Fertigkeiten, straffer innerer Organisation und fortlaufenden gewerblichen Traditionen. Man hat den Dichter sozusagen in die Matrikeln der menschlichen Gesellschaft aufgenommen. Und nicht bloß moralisch, das Dichten ist auch ein nationalökonomischer Wert geworden. Der »darbende Dichter« kommt heute nur noch in der »Gartenlaube« vor. Wie seinerzeit das Dachstübchen die unvermeidliche Begleiterscheinung des Poeten war, so gehört heute zu einem richtigen Dichter die Villa. Anfangs war der schreibende Mensch einfach ein Verfemter gewesen, verfemt und befeindet, wie es alle neuen Dinge sind; man witterte in ihm irgendeine geheimnisvolle, auflösende Kraft. In der Tat hat ja auch dieser Instinkt vollkommen recht gehabt: die Schriftsteller machten die Französische Revolution, stürzten das Papsttum und begründeten die Sozialdemokratie. Niemand anderer hat diese gefährlichen Dinge in Szene gesetzt als diese Taugenichtse, die nur so neben dem Leben herumzulungern schienen. Kein Wunder, daß sie zunächst als eine höchst verdächtige Gesellschaft angesehen wurden. Aber aus siegreichen Revolutionären werden bekanntlich immer im Verlauf der Entwicklung wohlangesehene Machthaber und Konservative. Heute zieht jedermann vor dem Schriftsteller den Hut, niemand bezweifelt seine bürgerliche Existenzberechtigung; und sie selbst bilden eine geschlossene Zunft, mit Qualifikationsattesten, Gesetzen gegen unlauteren Wettbewerb und wohlgeordneten Produktions- und Konsumverhältnissen, wie die anderen Gewerbetreibenden. Selbst die Zeit, wo man im Dichten eine Liebhaberei und Nebenbeschäftigung, eine Art Gesellschaftsspiel für Erwachsene sah, ist längst vorüber; sie sind heute die ernstest genommenen Menschen von der Welt.

Es ist aber gar nicht ausgemacht, ob das für die Dichter selber besonders gut war. In dem Augenblick, wo eine Sache anfängt, ein Beruf zu werden, und somit aufhört, etwas allgemein Menschliches zu sein, verliert sie zumeist ihre beste Kraft und ihren geheimnisvollen Reiz. Wir haben das nacheinander schon mit mehreren Berufen erlebt. Im Altertum war der Politiker Amateur, nämlich jeder Mensch war eben Politiker, es bedurfte dazu keines besonderen Befähigungsnachweises und keiner speziellen Vorbildung. Infolgedessen gab es im Altertum ein wirkliches politisches Leben. Die Politiker zerfielen in Begabte und Unbegabte, aber keineswegs in Berufene und Unberufene. Man denkt mit modernem Entsetzen an die Mißstände in Griechenland und Italien, an die athenische Demokratie und die römische Plebs – nun ja: aber wenn sich die Menschen wirklich für staatliche und militärische Dinge interessieren sollen, dann müssen sie auch in alles dreinreden dürfen. Heute interessieren sich für Politik nur einige Fachleute, die auf diese Dinge ihr ganzes Leben lang gedrillt wurden, und einige beschränkte Provinzler und Kleinbürger, die sich kein besseres Biergespräch wissen. Der Gebildete liest in der Zeitung nach, was passiert ist, und wirft sie weg. Das ist heute unsere Stellung zur Politik. »Deutsches Reich«, »Großbritannien«, »Vereinigte Staaten« sind staatsrechtliche Begriffe, und sonst nichts; aber »Rom« und »Athen« waren lebendige politische Realitäten.

Eine ähnliche Entwicklung hat auch unser religiöses Gefühl genommen. Heute ist Religiosität eine Spezialität bestimmter Menschen, die zehn Semester Theologie studiert haben. Im Mittelalter und in der frühen Neuzeit war der religiöse Mensch ebenso Amateur, wie es der politische Mensch im Altertum war. Es mußte niemand nachweisen, ob er auch die nötigen Schulen oder Weihen habe, um in diesen Dingen mitsprechen zu dürfen. Daher waren religiöse Bewegungen und Neuschöpfungen, Wiedergeburten des Glaubens nichts Seltenes. Die Religiosität konnte sich aus sich selber heraus reorganisieren, wenn sie zu zerfallen drohte. Das war nur dadurch möglich, daß jeder Außenseiter mittun durfte. Denn die neuen Gedanken kommen fast immer nur von den Außenseitern. Der Fachmann, auch der geistig überlegenste, steht immer zu sehr in seinem Berufskreise, er ist daher fast nie in der Lage, eine wirkliche Revolution hervorzurufen: er kennt die Tradition genau und hat, ob er will oder nicht, zu viel Respekt vor ihr. Auch weiß er zuviel Einzelheiten, um die Dinge noch einfach genug zu sehen, und gerade damit fehlt ihm die erste Bedingung jeder wirksamen Neuentdeckung; denn wertvoll und fruchtbar sind immer nur die einfachen Gedanken.

Die Beispiele ließen sich noch beliebig vermehren. Erinnern wir uns an das Kunstleben der Renaissance. Jeder durfte malen, dichten und musizieren, natürlich auf die Gefahr hin, sich gehörig zu blamieren; aber Empfehlungen einflußreicher Kritiker und Atteste von Universitätsprofessoren brauchte man damals noch nicht, um überhaupt vor die Öffentlichkeit treten zu können.

Der berufene Dilettant

Mit einem Wort: die menschlichen Betätigungen haben nur so lange eine wirkliche Lebenskraft, als sie von Dilettanten ausgeübt werden. Es ist im Grunde daran gar nichts Unnatürliches; paradox ist das Gegenteil. Und zwar aus zwei Gründen. Erstens: weil beim Dilettanten, beim Amateur das, was er gerade betreibt, nichts von ihm Losgelöstes ist, sondern sich mit seinem ganzen Menschen deckt. Er ist nicht gewissermaßen in zwei Hälften gespalten: die Vormittag- und Nachmittaghälfte schreibt mit großer Emsigkeit, Sachkenntnis und Sorgfalt eine Geschichte des Spanischen Erbfolgekrieges, ist unter diplomatischen Finessen, Generalstabskarten, Kanonaden, brennenden Kastellen und eleganten Kurtisanen zu Hause, und die Abend- und Nachthälfte sitzt im Wirtshaus und spielt Skat. Das sind keine lebendigen Identitäten. Aber die Memoiren und Geschichtsbücher aus früheren Zeiten waren das. Und so ist es mit allen Dingen, die berufsmäßig betrieben werden. Man kann im Gegenteil sagen: sie alle haben etwas Dilettantisches; irgendeine Einseitigkeit, Beschränktheit, Subjektivität, einen zu engen Gesichtswinkel. Nur beim Dilettanten decken sich Mensch und Beruf; und darumströmt bei ihm der ganze Mensch in seine Tätigkeit und sättigt sie mit seinem ganzen Wesen, und dann entstehen jene wirklich mit Blut gefüllten, reichen Schöpfungen, die voll von sachlichen Fehlern und Ungeschicklichkeiten sind, die aber kein gelernter Fachmann jemals zustande bringt.

Der zweite Grund dafür, daß nur Dilettantismus fruchtbar ist, liegt darin, daß der Dilettant von seinen Fähigkeiten und sogar von seiner ganzen Tätigkeit so gut wie nichts weiß. Er schafft vollkommen unbewußt, ganz von selber, wie ein Baum, der Früchte abwirft. Es kommt ihm niemals in den Sinn, nach seinem »Können« zu fragen. Können: diesen Begriff kennt er gar nicht. Er wird auch niemals gewahr, daß er »arbeitet«. Für ihn ist das keine Arbeit; er könnte ebensogut Essen und Trinken als mechanische Arbeitsleistung werten. Nun sind aber gerade die Tätigkeiten, von deren Wesen und Bedeutung man nichts weiß, die allerwertvollsten, eigentlich die einzig wertvollen. Der Mensch, und zumal der Künstler, gleicht einem Schlafwandler: er setzt mit größter Sicherheit seinen Fuß über Abgründe, klettert äußerst gewandt über Dächer und Türme, aber wenn man ihn anruft und ihm expliziert, was er da mit größter Geschicklichkeit vollbringt, so fällt er sofort herunter. Man muß sich daher fragen, ob die günstigen Lebensverhältnisse, in die die Dichtkunst jetzt geraten ist, für ihr wirkliches Leben eine Förderung bedeuten. Sie hat viel nach außen gewonnen, aber vielleicht hat sie daneben ihre beste innere Kraft verloren.

Der Seher

Peter Altenberg ist nun einer von jenen wenigen gewesen, die in unserer Zeit noch immer so dichteten, als ob das Dichten gar kein Beruf wäre. Er dichtete, dichtete ununterbrochen, bei Tag und bei Nacht, im Traum und im Wachen, im Gehen, Stehen, Sitzen und Liegen; es war, wenn man so sagen darf, eine Form seines organischen Stoffwechsels. Damit hängt es wohl auch zusammen, daß er eigentlich sehr wenig »produziert« hat. Denn die wahren Dichtungen haben eine Scheu davor, zu Buchstaben zu gefrieren. Die besten Gedichte sind nur mit dem Herzen aufgeschrieben und kommen niemals in die Setzmaschine.

Als er zum ersten Male auftrat, befand sich rings um ihn herum »Literatur«; nichts als Literatur. Alles war in Artistik aufgelöst. Auf der einen Seite verknöcherte, verkalkte Epigonen, die sich vergeblich bemühten, einige tiefe und schöne Wahrheiten, die aber vor hundert Jahren entdeckt worden waren und daher unmöglich mehr die ihren sein konnten, noch galvanisch am Leben zu erhalten; auf der anderen Seite müde und überreife oder kindische und unreife

Herumsucher, die in allen Stilen redeten, nur nicht in dem einzigen, zu dem sie berechtigt waren: dem ihrer Zeit. Dichter, die etwas wußten, das nicht mehr wissenswert war, und Dichter, die noch gar nichts wußten: das war der Zustand.

In diese Situation trat er ein. Nicht als Schriftsteller. Er hatte achtunddreißig Jahre gewartet; nein: nicht einmal gewartet, er hatte nie daran gedacht, etwas zu schreiben. Er hätte es noch weitere zwanzig Jahre unterlassen können. Er hätte es immer unterlassen können. Seine Funktion in dieser Welt war nicht die, zu schreiben, sondern zu *sehen*; zufällig schrieb er dann das Gesehene einige Male auf. Daß er damit plötzlich nun doch in die Gilde der Schreiber geraten war, das bildete keine Zäsur in seinem Leben. Seine Tätigkeit blieb dieselbe, die sie vorher gewesen war: Dinge zu erblicken, soweit es seine eigenen beschränkten Augen gestatteten; Teile, Stücke, Abrisse der Wirklichkeit: aber Wirklichkeiten.

Dies ist denn auch in der Tat die Lebensaufgabe eines jeden Dichters. Er ist nicht mehr, nicht weniger. Er ist ein Seher in der doppelten Bedeutung des Wortes: ein Seher gegenwärtiger Dinge und ein Seher zukünftiger Dinge. Er geht durch das Leben und betrachtet. Das ist seine ganze Leistung. Und dabei erblickt er Dinge, die vor ihm noch kein Mensch gesehen hat; aber kaum hat er sie erblickt, so können auf einmal auch alle anderen sie sehen, ja es ist von nun an gar nicht mehr möglich, diese Dinge *nicht* zu sehen: diese Gesichte sind nun plötzlich in das Reich der Wirklichkeit getreten. Darum sollte man auch keinen essentiellen Unterschied machen zwischen einem Dichter und irgendeinem anderen Naturforscher, denn beide tun ganz dasselbe: sie entdecken neue Wirklichkeiten, die bisher verborgen waren, neue Kräfte und deren Verbindungsmöglichkeiten, und es ist im Grunde einerlei, ob es neue chemische oder neue seelische Affinitäten sind, die ein solcher Naturforscher ans Licht bringt.

Darum ist es auch vollkommen unmöglich, einen Dichter in eine bestimmte Kunstgattung zu rangieren, denn dies sind Fragen der Form, und die Form kommt hier ebensowenig in Betracht wie etwa das Format einer photographischen Platte für die Schärfe und Richtigkeit des Lichtbildes. Beethoven dichtet mit Tönen, Kant mit Begriffen, Newton mit Atomen, Bismarck mit Staaten. Aber Dichter sind alle vier. Und es ist ein reiner Zufall, daß sie gerade dieses Dichtermaterial unter die Hände bekamen. Nichts verhindert uns anzunehmen, daß Beethoven ebensogut ein Philosoph, Bismarck ein Dramatiker und Newton ein Organisator geworden wäre. Und im Grunde waren sie es ja auch.

Es gibt natürlich unter den Dichtern vielerlei Gradunterschiede. Was sie aber alle gemeinsam haben, ist dies, daß ihre Tätigkeit nicht registrierbar ist. Nicht registrierbar wie alles Wirkliche.

Als Peter Altenberg sein erstes Buch »*Wie ich es sehe*« nannte, verstanden die Leute zunächst den Titel so wenig wie den Inhalt. Sie legten den Akzent auf das »ich« und dachten, hier melde sich wieder einmal ein »Subjektiver« zum Wort, ein »Eigener«, ein »Neutöner« und wie alle die törichten Schlagworte jener Zeit lauteten. So war es aber nicht gemeint und so war es auch nicht im Buch zu lesen. Als ob es jemals einen »subjektiven« Dichter gegeben hätte! Der äußerste Gegensatz der Genialität ist die Subjektivität. Je subjektiver ein Mensch in die Welt blickt, desto weniger kann er Genie, das heißt Weltauge sein. Je »unpersönlicher« er ist, je mehr er sich in allem und jedem zu objektivieren vermag, je mehr er allen Dingen und Ereignissen gegenüber nichts zu sein strebt als photographische Platte, desto genialer ist er, desto mehr ist er Künstler.

Was der Titel versprechen wollte und auch hielt, war daher etwas ganz anderes. Nichts Besonderes, Eigenes, nicht sich wollte der Dichter abbilden, sondern die Dinge; die Dinge nicht wie *er* sie sah, sondern wie er sie *sah*. In dem Buche sollte nichts enthalten sein als reale Netzhautbilder, freilich Netzhautbilder eines bestimmten Menschen, bestimmter Augen, aber darum doch objektive, allgemeine Dinge, so wirklich wie irgendeine andere physiologische Erscheinung: diese realen optischen Eindrücke sollten aufgezeichnet werden, sonst nichts.

Um dies nun möglichst vollkommen zu erreichen, bediente er sich so gut wie gar keiner künstlerischen Mittel. Er arbeitete gewissermaßen rein mechanisch, gleich dem Schreibhebel eines telegraphischen Apparats, der einfach niederschreibt, was ein geheimnisvoller elektrischer Strom ihm zuträgt.

Dadurch kam freilich manches Sonderbare und Schwerverständliche in seine Dichtungen. Wie ein Morsetaster: Punkt – Strich –

Strich – Punkt, abgerissen, chiffriert, stenographisch, gehackt: so schrieb er. Er folgte minutiös den Bewegungen des Lebens und machte auch alle seine überraschenden Schwankungen und unlogischen Wendungen mit.

Man konnte dies alles nicht verstehen. Ein Schriftsteller, der keiner ist? Das gibt es nicht, konnte es nicht geben. Also war er entweder ein völlig Unfähiger oder einer, der um jeden Preis originell sein wollte. Die Meinungen hierüber blieben geteilt.

Gedankenflucht und Gedankenschnelligkeit

Wer Peter Altenbergs Skizzen zum ersten Male liest, der wird eine ähnliche Impression haben wie einer, der zu spät zu einem öffentlichen Vortrag kommt und nun, in eine entlegene Ecke des weiten, überfüllten Saales gedrückt, mit großer Anstrengung dem Redner zu folgen versucht. Anfangs vernimmt er nur undeutliche, abgerissene Worte und Sätze, bis er endlich, an die Akustik des Saales und das Organ des Redners gewöhnt, aus den einzelnen Bruchstücken einen Sinn zu bilden vermag. Aber über einen gewissen Atomismus wird es der Leser Peter Altenbergs zunächst nicht hinausbringen. Er wird glauben, in eine phantastische und fragmentarische Märchenwelt versetzt zu sein, in der alles viel freier und unverantwortlicher zugeht, losgelöst vom Gesetz der logischen und psychologischen Gesetzmäßigkeit, und er wird zu dem Schlußresultat kommen, daß hier ein Dichter gearbeitet habe, der viel tiefe Menschenkenntnis und Beobachtungsgabe besitze, dem es aber nicht gegeben sei, die Dinge in ihren Zusammenhängen zu überblicken: ein Dichter gleichsam mit einem sehr kurzen Gedächtnis, der bei der zehnten Zeile schon völlig vergessen hat, was er in der dritten Zeile gesagt hat; ein poetischer Pointillist, der persönliche Impressionen hat, aber keine persönliche Welt; ein Zeichner, der Linien und Ornamente entwirft, aber keine Bilder.

Viele geben sich nicht die Mühe, über diesen ersten irrtümlichen Eindruck hinauszukommen. Er ist irrtümlich, weil das, was beim ersten Anblick den Eindruck von Zusammenhanglosigkeit, ja Gedankenflucht macht, nichts anderes ist als außerordentliche Knappheit und Schnelligkeit des Denkens, die so und so viele Zwischenglieder überspringt, weil sie vom Leser eine zu gute Meinung hat.

Das Zeitalter der Extrakte

Das ist das eminent Moderne an Peter Altenbergs Dichtungen. Nur im Zeitalter der Telegraphie, der Blitzzüge und der Automobildroschken konnte ein solcher Dichter erstehen, dessen leidenschaftlichster Wunsch es ist, immer nur das Allernötigste zu sagen. Für nichts hat ja unsere Zeit weniger Sinn als für jenes idyllische Ausruhen und epische Verweilen bei den Gegenständen, das früher gerade für poetisch galt, und nichts ist ihr verhaßter als Langsamkeit und Breite. Wir lassen uns nicht mehr behaglich über den Dingen nieder. Unsere gesamte Zivilisation steht unter dem Grundsatze: *Le minimum d'effort et le maximum d'effet!* Schon in der Schule beginnt heutzutage die »Erziehung zum Extrakt«. Wir empfangen Extrakte von Philologie, Extrakte von Weltgeschichte, Extrakte von Naturkunde: niemals die Wissenschaft selbst, immer nur den Extrakt. Die Photographie entwirft uns kondensierte Miniaturbilder der Welt. Wir reisen nicht mehr gemächlich in der Postkutsche, sondern im Schnellzug und empfangen hastige Schnellbilder der Gegenden, die wir passieren.

Vor etlicher Zeit wurde eine kleine Zeitschrift gegründet, die den Titel »Der Brief« führte und die das Ziel verfolgte, die alte Briefkultur wieder aufleben zu lassen, die Zeit, in der der Mensch einen großen und oft den besten Teil seines Gedanken- und Gefühlslebens in Briefen hergab. Man könnte ebensogut eine Zeitschrift »Das Segelschiff« gründen und darin die Wiederherstellung der schönen Zeiten anstreben, da der Mensch noch in diesen prächtigen romantischen Fahrzeugen herumfuhr. Ob dieses Verkehrsmittel wirklich poetischer war, ist übrigens an sich schon fraglich; vielleicht erscheint es uns nur so: denn alles Vergangene wirkt ja poetisch. Aber nehmen wir an, es sei so gewesen: es würde uns dennoch nichts helfen; denn Poesie kann nur aus der Wirklichkeit geschöpft werden. Alle diese Dinge *waren*, sind Irrealitäten. Wir können keine Briefe mehr schreiben. Vielleicht aus Phantasielosigkeit, aus geistiger Indolenz, aus Mangel an Sinn für »Höheres«: alles zugegeben; aber schreiben können wir sie nicht mehr. Das achtzehnte Jahrhundert was ein vollendetes Briefzeitalter. Ganz einfache und gewöhnliche Menschen schrieben damals die wunderschönsten Briefe. Selbst ein so gänzlich auf sich konzentrierter Mensch wie Goethe hat in seinem Leben Hunderte und Tausende von Briefen geschrieben. Dieser Charakter übertrug sich nun natürlich auch auf das gesamte Geistesleben der Zeit. Der Brief war damals der vollendetste geistige Ausdruck des Menschen.

Das Buch für den modernen Menschen darf daher nicht etwas Zeitraubendes sein, sondern es muß Zeit ersparen. Bücher sind Surrogate für Erlebnisse, Notbehelfe für Menschen, die keine Zeit haben. Daher ist Knappheit und Kürze die erste Forderung, die das moderne Buch erfüllen muß, aber nicht die dürftige oder die aphoristische Kürze, sondern die gehaltvolle, gedrängte Kürze, die gerade dem gedankenreichsten Schriftsteller ein stetes Bedürfnis ist. Die Menschen, die nichts zu tun haben, greifen allerdings mit besonderer Vorliebe zu Büchern; aber gerade für diese sind sie eigentlich nicht geschrieben. Für diese ist das Leben in seiner vollen Breite da: die Natur, die Frauen, das Reisen. Einem glücklichen » *Fainéant*« ist es vergönnt, sich all das eigenhändig, mühevoll und langsam zu erwerben, was ihm ein Buch durch die Hand eines andern mühelos und in wenigen Stunden gibt. Die Menschen, die die Bücher dazu benützen, um sich zu »zerstreuen«, sich »abzulenken«, die Zeit »totzuschlagen«, verdienen die Bücher, die sie zu diesem Zweck zu wählen pflegen. Wer aber in Büchern das Richtige sucht, nämlich nicht Zerstreuung, sondern Sammlung, nicht Ablenkung, sondern Konzentration, wer mit ihnen seine wenigen freien Stunden nicht totschlagen, sondern beleben will, der ist fast immer ein müder, ungeduldiger, abgehetzter Mensch, und jede Minute, die ihm ein Buch überflüssig abnimmt, ist ein Verbrechen des Autors. Allerdings: es handelt sich auch hier wiederum, wie bei allen menschlichen Dingen, um eine ideale Forderung. Ein Buch, das wirklich gar nichts Überflüssiges enthält, gibt es nicht, und Vauvenargues sagt mit Recht: » *Les meilleurs auteurs parlent trop*«. Aber man kann verlangen, daß der Autor doch wenigstens den guten Willen habe und diesem Ideal unablässig zustrebe.

Die Fünfminutenszenen

Dies ist das Grundprinzip Peter Altenbergs. Er schreibt »Telegrammstil«. Es kommt ihm niemals darauf an, etwas möglichst schön zu sagen, sondern es möglichst präzis und kurz zu sagen. Er will überhaupt nicht die Schönheit, sondern die Wahrheit; denn er ist überzeugt, daß die Wahrheit immer auch die Schönheit enthält.

Bezeichnend für sein leidenschaftliches Bestreben nach Kürze sind seine »Fünfminutenszenen«, eine Reihe von ganz kurzen dramatischen Skizzen. Es sind aber gar keine Fünfminutenszenen, sondern sie dauern höchstens zwei oder drei Minuten. Sie fixieren irgendeinen dramatischen Moment und überlassen das andere dem Leser. Es gelangt einen Augenblick lang Licht auf irgendeine gefährliche Situation der Seele, irgendeine fragwürdige Verwicklung, einen mysteriösen Konflikt, und dann fällt der Vorhang. Diesen Versuchen liegt der treffende Gedanke zugrunde, daß das Leben eben nur minutenlang dramatisch ist, und daß der dramatischeste Dramatiker daher nur Minutenstücke schreiben dürfe, und fernerhin abermals die für den Leser so ehrende Annahme, daß es genüge, einen Impuls, eine Anregung zu geben, und daß sich jeder schon selber den Rest an Exposition, Aufbau, Nachgeschichte aus eigenem Phantasiekapital dazudichten könne. Man wird dabei an ein vorzügliches Wort erinnert, das Abbé Brotier in seiner Ausgabe des La Rochefoucauld sagt und das Lichtenberg einmal zitiert: » *Corneille, La Fontaine et La Rochefoucauld ont pensé et nous pensons avec eux, et nous ne cessons de penser, et tous les jours ils nous fournissent des pensées nouvelles; que nous lisons Racine, Neuville, Voltaire, ils ont beaucoup pensé, mais ils nous laissent peu à penser après eux.* « Dies ist vielleicht überhaupt der Hauptunterschied, der dem Schriftsteller seinen Rang anweist und entscheidet, ob er ein bloßes Talent oder ob er eine geniale Naturkraft ist: die einen denken bloß selber, aber die anderen bringen auch die übrige Welt zum Selbstdenken.

Der Wert des Fragments

Peter Altenbergs Skizzen sind abgehackt und zerstückelt wie Stenogramme und Depeschen, und zwar aus Naturalismus: denn das Leben macht es ebenso. Sie sind aber auch als Ganzes Bruchstücke, Torsi; und aus demselben Grunde. Sie sind fragmentarisch wie die Wirklichkeit. Peter Altenberg läßt selbst einmal eine junge Dame in ihr Tagebuch schreiben:

> »Wenn man ein Bild malt, und man wollte durchaus zu einem ganz bestimmten Ziele kommen, dann wird es nichts, sicherlich nichts. Zu einem bestimmten, allzu bestimmten Ziele könnte man niemals vordringen. In gar nichts. Man müßte hingegen geradezu erstaunt sein, was es geworden ist.

Das wäre das Richtige. Man müßte direkt erstaunen können, paff, verblüfft sein, daß etwas sich ereignet hätte, gleichsam gegen uns selbst! Ein echter Harzer Edel-Roller bricht immer plötzlich gerade in seinem wunderbarsten Geschmetter ab, stellt das Köpfchen schief und lauscht sich selbst verwundert nach. Ganz erstaunt ist er über sein eigenes Geschmetter, lauscht, wie fremden Tönen von ferneher! Ja, man müßte erstaunen können über sich selbst, über fremde Töne von ferneher!«

Dies ist zweifellos eine sehr künstlerische Erkenntnis und gerade das Gegenteil von Barbarei und Dilettantismus, wie man vielleicht im ersten Augenblick glauben könnte. Urzustand und höchste Entwicklung gleichen sich oft auf sonderbare Weise. Der Naturmensch ist Mystiker; aber der endentwickelte Kulturmensch ist es auch. In der Mitte zwischen beiden steht der Rationalist. Der Mann aus dem Volke ist primitiv; aber das Genie ist es auch. Zwischen beiden steht das komplizierte »Talent«. Und ebenso verhält es sich mit der künstlerischen Komposition. Der ganz unkünstlerische Mensch komponiert nicht; und der ganz künstlerische Mensch komponiert ebensowenig.

Und im Grunde ist ja jedes Kunstwerk, wie immer es auch »angelegt« sei, fragmentarisch, seiner innersten Natur nach. Die große Trauer der Philologen um die unvollendeten Werke großer Dichter ist in vielen Fällen recht unbegründet. Sie sind oft die schönsten, und vielleicht gerade darum, weil sie unvollendet sind. Grillparzers reizvollstes Theaterstück ist die » Esther«. Schillers weitaus bedeutendste Schöpfung ist der » Demetrius«. Ich wage sogar zu behaupten, daß der » Urfaust«, als Drama genommen, ein viel vollkommeneres Kunstwerk ist als der vollständige Faust. Und das größte Drama, das Kleist geschrieben hat, vielleicht das größte, das die deutsche Literatur besitzt, ist der » Robert Guiscard«. Was von diesem »Fragment« vorliegt, ist allerbester Shakespeare; ich leugne jedoch, daß es ein Fragment ist: es fehlt absolut nichts.

Der Künstler sollte von der Natur lernen, die auch immer über sich hinausweist und niemals einen Abschluß zeigt. Bisher war der Dichter ein Mensch, der die Wirklichkeit so lange zurechtbiegt, zurechtlügt, bis sie ästhetisch wirkt. Er hielt es für seine Aufgabe, die »Defekte« der Realität zu korrigieren. Aber der Defekt war im Betrachter. Die ganze bisherige Ästhetik ist ein Irrtum. Das Kunstwerk hat nicht »harmonisch« zu sein; harmonisch hat der Mensch zu sein, der es hervorbringt. Und es scheint fast so, als ob viele von den Künstlern, die so ungemein abgerundete, ausgeglichene, abgewogene Werke schufen, ihr ganzes Kapital an Harmonie in ihre Werke investiert hätten, so daß für sie selber nichts mehr übrig blieb.

Guy de Maupassant

Ein Romancier ist Peter Altenberg nicht, darin hat er vollkommen recht; schon deshalb, weil ihm jene tiefe Erzählerfreude, die das Wesen jedes Epikers ausmacht, vollständig fehlt. Um uns dies klarzumachen, brauchen wir ihn nur einmal mit einem wirklichen »Romancier« zu vergleichen. Auch unsere Zeit hat ein ganz großes Erzählertalent hervorgebracht: Guy de Maupassant. Dieser Dichter hat sein ganzes Leben damit ausgefüllt, Begebenheiten aufzuschreiben, in unermüdlicher, leidenschaftlicher Emsigkeit: das war das Pathos und der Inhalt seines Daseins. Alle Dinge, die sich je begeben haben, alle Dinge, die sich je begeben könnten, hat er in seinen Magazinen aufgehäuft; mit der fieberhaften und fast pathologischen Besitzwut eines Menschen, der nie genug bekommen kann, hat er da zusammengespeichert, was sich erraffen läßt, alles, alles, was es gibt, Menschen, Beziehungen, Gesichter, Leidenschaften, Seltsamkeiten, Alltäglichkeiten, Überirdisches, Gemeines, ohne »Kritik« und »Auswahl«: alles Erzählbare. Für ihn gibt es nichts Interessantes und nichts Uninteressantes, alles gehört zu ihm, alles: wenn es sich nur erzählen läßt! Und er kann alles erzählen. Er repräsentiert die ewige Figur des Geschichtenmachers, des Raconteurs, die durch die ganze Weltliteratur geht, angefangen von Homer, im Grunde eine zeitlose Erscheinung. Sie ist nicht »modern«, sie ist nicht »alt«. Maupassant wird nie veralten – weil er niemals neu war. Aber Peter Altenberg wird sicher eines Tages veralten. Wir wollen es völlig dahingestellt sein lassen, was wertvoller ist.

Maupassant ist auch darin der absolute Epiker, daß er eigentlich niemals mit seinen Figuren fühlt. Das heißt: er fühlt mit ihnen, aber bloß mit den Nerven, nicht mit dem Herzen; gewissermaßen rein peripherisch. Er hat die Brutalität des Lebens; darum macht die

Lektüre seiner Geschichten fast immer melancholisch. Der richtige Epiker ist identisch mit der Natur, die ebenfalls ohne Pathos vernichtet. Er ist eine geheimnisvolle Kraft, die fremd über dem Leben thront, es kalt abschildert: ein klarer, glatter, glänzender Spiegel, der die Dinge auffängt; während andere Dichter an ihren eigenen Geschöpfen aufs tiefste leiden. Sein Herz bleibt unbewegt, ergreift niemals Partei: das eben macht sein Genie aus. Er ist nicht das Opfer seiner poetischen Visionen. Was wertvoller ist, wollen wir abermals unentschieden lassen.

Les riens visibles

Peter Altenberg ist aber auch kein eigentlicher Lyriker, obgleich es bisweilen so aussehen könnte; denn viele seiner Sachen erscheinen in der Tat wie kleine Gedichte, die bloß auf das Hilfsmittel des Verses verzichtet haben.

Im ganzen werden wir aber doch sagen dürfen: was ihn als Lyriker charakterisiert, ist im wesentlichen nur seine außergewöhnliche Beobachtungsgabe, und zwar im Genaueren seine Empfänglichkeit für psychophysiologische Details. Dies ist ja überhaupt die hervorstechende Eigentümlichkeit aller modernen Künstler. Sie sehen gewissermaßen, was nicht ist, und vermögen es aufzuzeichnen. Ein Astronom hat einmal jene fernsten Sterne, die ihre Existenz erst nach wochenlanger Belichtung auf der Platte des Himmelsphotographen anzeigen, » *des riens visibles*« genannt. Sie sind nicht: in unserem Leben deutet nichts, keine äußere Veränderung und kein noch so schwacher Sinneseindruck, auf ihr Vorhandensein. Und dennoch sind sie sichtbar: durch das Medium der geduldigeren photographischen Platte. So auch verhält es sich mit dem modernen Dichter. Wie die Trockenplatte gewissermaßen ein ausdauerndes Auge ist, so ist auch er mit Sinnesorganen ausgestattet, die empfindlicher sind als die gewöhnlichen und die die Gabe haben, *länger stille zu halten.* So zeichnen sich in seiner Seele Dinge ab, die im realen Leben eigentlich so gut wie nicht vorhanden sind. Sie greifen nicht ein in unser Dasein, dennoch macht er sie sichtbar. Was er gibt, ist das notierte Nichts.

Die Netzhautbilder Ibsens

Wir wären hierbei versucht, an Ibsen zu denken; denn auch er erzielt seine psychologischen Wirkungen vielfach durch Aufsummieren kleinster Einzelheiten. Aber gerade bei dieser Vergleichung zeigt sich der ausgesprochen lyrische Charakter Peter Altenbergs; denn seine Figuren sind von denen Ibsens eben dadurch sehr verschieden, daß sie alle Peter Altenberg reden. Alle seine Menschen stammeln dieselbe Sprache, sein eigenes sprödes Dichteridiom. Sie sind natürlich ebenfalls bis zu einem gewissen Grade nuanciert, aber nur soweit sich die Eindrücke in der Seele des Dichters selbst differenzieren. Sie stehen nicht losgelöst vom Dichter da und führen ihr eigenes Leben. Bei den Gestalten Ibsens hat man den Eindruck, daß sie eigentlich nur bei Ibsen zu Besuch sind; sie treten in das Stück ein, von irgendwo draußen, gehen eine Zeitlang im Stück herum und begeben sich dann wieder nach draußen. Sie waren auf der Welt, ehe das Stück anfing, und leben weiter, wenn das Stück aus ist. Auch hat man die Möglichkeit, die Bekanntschaft mit ihnen intimer zu gestalten, wenn man öfter mit ihnen beisammen ist, ganz wie das bei wirklichen Menschen der Fall ist. Wer zum Beispiel die » *Wildente*« fünfmal gelesen hat, wird von den Personen des Stückes eine ganz andere, viel vertrautere Kenntnis haben, als er sie nach der ersten Lektüre hatte. Eine Fülle kleiner Besonderheiten und Einzelzüge wird ihm allmählich auffallen; auch wird er mehr über ihr Vorleben und ihre Lebensverhältnisse wissen als früher, denn anfangs pflegen sie diese Dinge meist nur andeutungsweise zu behandeln, so daß man vieles nicht versteht, wie wenn man zum ersten Male in einen fremden Kreis tritt. Ich glaube zum Beispiel nicht, daß der Leser gleich beim erstenmal die unumstößliche Überzeugung hat, daß Hedwig die Tochter des alten Werle ist; aber mit der Zeit kommt man durch eine Menge von Einzelheiten zu der Gewißheit, daß sie es ist. Ich las aber erst letzthin in einer Kritik die Behauptung, daß sie die Tochter Hjalmars sei, und gerade darin bestehe die Tragödie. Solche irrtümlichen Auslegungen wären aber ganz im Sinne Ibsens; denn er will gar keine Klarheit, er will das Leben, das ja auch fast niemals eindeutig ist. Man könnte sagen: er hat sehr scharfe und intensive Netzhautbilder der Dinge und *projiziert sie wieder hinaus*, in die Außenwelt, in der sie dann leibhaftig herumgehen; also genau so, wie wir es beim Sehen machen. Peter

Altenberg hat *auch* sehr scharfe Netzhautbilder, aber er projiziert sie *nicht* hinaus; es ist alles bei ihm nur innerlich gesehen. Darum haben seine Gestalten etwas Unplastisches, Verwischtes, Traumhaftes; es sind Visionen und Imaginationen eines einzelnen Menschen: und das ist lyrisch. Lyrisch ist ferner seine ausgesprochene Vorliebe für den Refrain, für einen gewissen Symmetrismus; auch bisweilen eine archaisierende Naivität der Diktion; endlich sein prinzipieller Optimismus. Denn jeder Lyriker ist Optimist, auch wenn es so aussieht, als sei er das Gegenteil; denn er ist der Mensch, der am intensivsten lebt, und das, nicht die theoretische Weltanschauung, macht den Optimisten.

Porträttechnik

Er geht immer ins Detail, aber er verliert sich nie darin. Die Mikrophilie, in der wir eine charakteristische Eigenschaft des Menschen der achtziger Jahre erblickten, ist auch bei ihm noch zu bemerken, aber schon zur Einfachheit geläutert. Er arbeitet gewissermaßen mit *lapidaren Kleinigkeiten*. Seine Kunst, durch irgendein apartes Adjektiv oder eine ungewohnte Assoziation plötzlich einen Menschen, eine Landschaft, ein Zimmer ganz plastisch vor den Leser hinzustellen, ist oft überraschend. Er ist der geborene Porträtmaler.

Es ist ein sehr intensives Naturgefühl, aber das Naturgefühl des Großstädters; und während die Dichter sonst die Erscheinungen des Kulturlebens durch Bilder aus der Natur zu verdeutlichen versuchen, versucht er umgekehrt dem Leser die Natur durch Gleichnisse nahezurücken, die aus der Vorstellungswelt des Kulturmenschen geholt sind; er spricht von »hellgrünen, modefarbigen Kukuruzfeldern«; von »Blumen im Herbstkleid wie grauseidene Watte«; es regnet, und »die braunen Wege beginnen zu glänzen wie Glaserkitt«; »die Suppengemüse standen aus der Erde heraus wie julienne naturelle«; »im Walde an der Berglehne sind alle Braun und Rot und Gelb der Welt. Eine junge Buche ist sogar schokoladefarbig und ein alter Ahorn hat die Farbe und den matten Glanz von englischen dogskin-Handschuhen«.

Was allemal zuerst ins Auge fällt, ist ein radikaler Impressionismus. Impressionismus: darunter verstehen wir eine verschärfte Empfänglichkeit für Sinnesreize, verbunden mit der prinzipiellen

Tendenz, nichts anderes geben zu wollen als eben nur jene physiologischen Eindrücke.

Die Worte »banal« und »prosaisch« existieren vermutlich nicht in dem Begriffsschatz dieses Dichters. Er schildert, was er sieht, ohne eine ästhetische »Auswahl« zu treffen. Viele Passagen in seinen Skizzen könnten ebensogut in einem Ausstellungsbericht, dem Preisverzeichnis eines Delikatessenhändlers oder in einem Modejournal stehen, so rein deskriptiv, trivial deskriptiv sind sie. Bisweilen sinkt er bis zum Stil der Zeitungsannonce herab.

Die Sprache des elektrischen Stroms

Hat er überhaupt das, was man bei einem Schriftsteller »Sprache« nennt? Er schreibt mit, als ein Kammerstenograph des Lebens, was ihm eben ins Diktat kommt, also eigentlich ohne eigene Individualität. Es sei denn, daß man gerade dies seine Individualität nennen wollte. Er verfährt dabei ganz skrupellos. Er behandelt die Sprache, als ob sie nie vorher von anderen benützt worden wäre und er der erste wäre, der sie als Instrument in die Hand bekommt. Es wimmelt bei ihm von Fremdwörtern, zum Teil von ganz überflüssigen. Manchmal schreibt er einen ganzen Absatz französisch oder englisch, ohne ersichtlichen Grund. Man sollte meinen, die deutsche Sprache sei reich und ausdrucksvoll genug. Aber er ist ja gar kein deutscher Schriftsteller, so wenig wie er ein französischer oder englischer Schriftsteller ist. Seine Sprache ist international wie die Sprache des elektrischen Stromes.

Die Fremdwörterfrage steht seit einiger Zeit wieder im Mittelpunkt der philologischen Debatten. Von jenen, die das Deutsche aus patriotischen Gründen von Fremdwörtern zu säubern wünschen, wollen wir gar nicht reden. Aber auch die anderen Einwände sind zumeist recht wenig stichhaltig. Ein für allemal muß es eine Verarmung der deutschen Sprache bedeuten, wenn man ihr die Fremdwörter nimmt, denn diese sind zu neun Zehnteln tatsächlich unübersetzbar. Es ist einfach nicht wahr, daß die schönen guten deutschen Wörter dasselbe bedeuten wie die unschönen und unklaren Fremdwörter, sondern die Wahrheit ist, daß wir beide brauchen. Das haben auch alle hervorragenden deutschen Stilisten begriffen, Lessing und Goethe so gut wie Schopenhauer und Nietzsche. Der größere oder geringere Reichtum an Fremdwörtern gibt erst dem Ausdruck eines Schriftstellers die persönliche Farbe, und wenn er sich mit Fremdwörtern ein wenig übernimmt, so ist das eben *seine* Farbe. Im Grunde entspringt der ganze Sprachreinigungsbetrieb der philiströsen Tendenz, die auch alle anderen Lebensformen uniformieren will, und wurzelt in dem laienhaften Mißverständnis, daß ein guter Stil notwendig ein korrekter Stil sein müsse. Das ist ebenso falsch wie die Forderung nach dialektfreiem Umgangsdeutsch. Ein Mensch, der ein völlig reines Hochdeutsch spricht, ist einfach unerträglich. Allerdings muß man erst ein richtiges Deutsch schreiben können, ehe man sich erlauben darf, es durch Fremdwörter zu »verunstalten«; deshalb ist die Sprachreinigungstendenz in den Schulen ganz gerechtfertigt; aber nur dort. Die englische Sprache besteht zur Hälfte aus Fremdwörtern, und welchen Vorsprung das Englische dadurch vor anderen Sprachen besitzt, wird jeder bemerkt haben, der einmal versucht hat, aus dem Englischen zu übersetzen. Der Engländer hat für die meisten Begriffe zwei Worte: ein germanisches und ein romanisches, aber sie bedeuten niemals dasselbe.

Grammophondeutsch

Peter Altenberg hat zur Sprache ein rein dynamisches Verhältnis. Sie ist ihm ein Vehikel für Entladungen angestauter seelischer Energien, sonst nichts. Das geht sogar bisweilen bis zum ausgesprochen *schlechten* Deutsch. Und auch dies ist wiederum nur ein Kennzeichen für seinen reinen Impressionismus. Wenn es das Leben *will*, das er ja nur nachschreibt, so hat das Deutsch eben schlecht zu sein; er kann nichts dagegen tun.

Hier liegt auch der tiefere Grund für seine vielverspottete Überproduktion an Fragezeichen, Rufzeichen, Gedankenstrichen, spationierten Worten. Er bevorzugt diese rein typographischen Mittel eben darum, weil sie ihm ermöglichen, reine *Quantitätswirkungen* zu erzielen. Alle diese Notbehelfe sind ja nichts anderes als der Versuch, dem toten, gedruckten Buchstaben die Lebendigkeit des akzentuierten gesprochenen Wortes zu verleihen. Auch wenn er schreibt, spricht er bloß, oder versucht es doch wenigstens. Man müßte alle seine Sachen eigentlich laut lesen oder sich vorstellen, daß sie uns durch ein Grammophon zugerufen werden. Man kann sich nicht vorstellen, daß er jemals seine Sachen ausgearbeitet, gefeilt, nach einem passenden Ausdruck gesucht hat. Er hat eben gar keine Beziehung zum geschriebenen Wort. Der wesentliche Unterschied, den das Geschriebene vom Gesprochenen hat, daß es ein geläuterter, gereinigter, geklärter Ausdruck, gewissermaßen ein Feinschliff des menschlichen Gedankens ist, fällt bei ihm vollständig fort. Er ist eben ganz und gar kein Schriftsteller.

Er hat keinen Stil. Er schreibt weder ernst noch heiter, weder feierlich noch leichtgeschürzt, weder stilisiert noch vulgär. Er ist der differenzierteste, komplizierteste Seelenbeobachter, und daneben stehen oft Sätze im primitiven Ton des humorhaften Kindererzählers, Wendungen, die von Andersen sein könnten.

Maschinenpathos und Plakatstil

In seiner Sprache sind alle Geräusche der modernen Welt eingefangen. Bisweilen verfällt er in ein überheiztes, sich überstürzendes, knatterndes Pathos, zu dem sich das Pathos früherer Dichter etwa verhält wie Posaunenstöße zu dem ratternden Lärm einer Dynamomaschine, dem Krachen von Mitrailleusen, Petarden, Pelotons; es sind Schüsse um die Ecke, mitten in Gedankenketten.

Er hat für lärmende Prunkreden eine ganz neue Tapisserie erfunden. Es ist ein Pathos, das zweifellos eines Tages veralten wird wie jedes Pathos. So befremdend es auf den ersten Blick erscheinen mag: alle pathetischen Formen, die doch gerade durch die Einfachheit und Wucht ihrer Linien Monumentalität und Überlebensgröße prätendieren, sich eine Art Ewigkeitszug geben wollen, sind gerade darum am schnellsten der Verwitterung unterworfen. Sehr bald legt sich auf diese Reliefs die Patina, die vielleicht ihren Kunstwert erhöht, aber ihren Lebenswert vermindert. Es sind eben allemal bloße Repräsentationsstücke. Aber wir haben große Formen und Linien heute nicht mehr in Stein und Erz, sondern nur noch auf Plakaten. Und das Pathos Peter Altenbergs ist mit glücklichem Instinkt aus der Zeit gegriffen: es hat Plakatstil, Tapetenstil. Aber hinter diesen lärmenden und grellen Arabesken steht doch immer ein Mensch. Dies ist auch der Grund, warum Schillers dröhnende Militärmusik mit ihren Trommeln, Pfeifen und Pauken noch heute ihren zwingenden Impetus nicht eingebüßt hat, während seine Epigonen längst unerträglich geworden sind. Es ist der unnachahmliche Entrain, der Schillers Pathos für jeden Geschmack etwas unbedingt Poetisches verleiht. Das Geheimnis seiner dauernden Wirkung ist jener übermächtige, konzentrierte Wille zum Idealismus, der in ihm lebte. Idealismus ist das Geheimnis *jeder* dichterischen Wirkung.

Frauenlob

Die Frau steht im Zentrum aller Dichtungen, die Peter Altenberg jemals geschrieben hat. Er hat eigentlich niemals etwas anderes beschrieben als die Frauen, die Männer sind blaß gezeichnet. Sie sind nur da, damit sich die Frauenseele in ihnen reflektiere; also gerade umgekehrt wie bei allen anderen Dichtern. Und er sagt selbst von sich: »Ich habe nie irgend etwas anderes im Leben für wertvoll gehalten als die Frauenschönheit, die Damengrazie, diese süße, kindliche! Und ich betrachte jedermann als einen schmählich Betrogenen, der einer anderen Sache hienieden irgendeinen Wert beilegte!«

Dieser Frauenkult machte ihn zum Typus jener Dekadenz vom Ende des vorigen Jahrhunderts, die ziemlich kurzlebig war und in ihm allein noch fortlebt. Er überlebte sie, denn er hatte wohl dekadente Nerven und mußte sie haben, denn dekadente Nerven sind nichts anderes als höchstimpressionable Nerven; aber er hatte kein dekadentes Herz. Er übernahm von dieser ganzen Richtung den Feminismus, aber der Feminismus war bei ihm nicht Schwäche, sondern Stärke, nämlich eine erhöhte und bisher unerreichte Fähigkeit, sich in das Seelenleben der Frau zu versetzen. Hierin ist er eine vollkommen einzigartige literarhistorische Spezialität. Es hat nie vorher einen Dichter gegeben, der ihm hierin nur nahegekommen wäre. Die anderen stellten sich zur Frau als mehr oder minder glückliche Deuter. Aber Peter Altenberg ist kein Deuter der Frau, er erlebt die Frau in sich selbst in der vollkommensten Weise, und wenn er die Frau schildert, so liest er gar nicht in einer fremden Seele, sondern in seiner eigenen. Er verhält sich zu allen bisherigen Frauenpsychologen wie der wissenschaftliche Naturforscher zum mythologischen Erklärer der Natur. Dieser steht unter dem Banne des Anthropomorphismus, er kann die Natur nie begreifen, denn er erklärt sie nicht von ihr aus, sondern von sich aus. Ebenso standen alle bisherigen Frauenpsychologen unter dem Banne des »Andromorphismus«: sie sahen die Frau vom Manne aus. Infolgedessen ist Peter Altenberg ein absolutes Novum. Er besitzt die Vorstellungs- und Gefühlswelt der Frau, verarbeitet sie aber mit der überlegenen Intelligenz des Mannes. Er hat, um es bildlich auszudrücken, ein Gehirn, das der Materie nach weiblich und der Struktur nach männlich ist.

Der Wille zur Chiffre, von dem wir sprachen, hat daher beschlossen, in ihm einen »modernen Frauenlob« zu erblicken. Nun ja: ein Frauenlob ist er freilich; aber eben ein moderner. Der arme Frauenlob: – wenn er heute lebte, er würde nicht weniger glühend und nicht weniger unglücklich lieben. Und dennoch: er würde vielleicht ganz anderes dichten, das will sagen: er wüßte vielleicht ganz andere, viel verfänglichere, verstricktere, hintersinnigere, vieldeutigere Dinge von den Frauen zu sagen als dazumal; er würde anderes, und vielleicht Tieferes und Seltsameres an ihnen zu loben wissen. Weil die Frau heute anders geworden ist? Oder weil der Mann anders geworden ist und nun ein anderes, abgestufteres, vielfältigeres, vielfarbigeres Licht sich an diesen glatten Spiegeln bricht, die man »Frauen« nennt? Oder vielleicht auch, weil wir heute unter Lob etwas anderes verstehen und wiederum etwas weit Verzwickteres, Oszillierenderes, schwieriger gerade zu Biegendes; eine Sache, die von vorne wie ein Tadel aussieht und erst von hinten wie ein Lob glänzt? Es ist eben alles anders geworden.

Peter Altenberg *versteht* die Frau: und das ist das beste Frauenlob. Der Dichter lobt, indem er malt. Das ist seine Form des Lobes, und die höchste Form des Lobes überhaupt.

Die vergeßlichen Dichter

Jeder Mensch ist verliebt, jeder Mensch ist begeistert, jeder Mensch ist weise – aber nur in ganz wenigen, seltenen Augenblicken. Wie Peter Altenberg die Frau immer sieht, so hat sie jeder Mensch mindestens einmal in seinem Leben schon gesehen: als er liebte; wie Peter Altenberg die Natur, jedes Stück Rasen, jeden verschneiten Baumstumpf, jedes Tulpenbeet, jede alte Dorfbrücke empfindet, so hat jeder schon irgendwann einmal Rasen, Baum, Blume und Brücke empfunden, aber nur ein kurzes Zeitteilchen, dann sank alles wieder hinab, er hatte es sofort wieder vergessen. Die meisten

Menschen sind eben *vergeßliche Dichter*. Und wer war nicht schon weise, freilich zumeist gerade dann, wenn er es am wenigsten zu sein glaubte? Gespräche von Holzfällern, Schmieden, Fuhrleuten, Handwerksburschen enthalten oft überraschende Wahrheiten, Tiefblicke, schärfste Sachurteile. Jeder Mensch, der einer Sache kundig ist, vermag über sie die vorzüglichsten Bemerkungen zu machen. Aber er weiß es nicht. Und er sammelt es nicht auf: er ist kein *Reservoir* seiner Weisheiten.

Der Dichter ist ganz einfach das ununterbrochen, was die übrigen Menschen alle fünf Jahre einmal sind. Er unterscheidet sich in nichts anderem von ihnen. Er lebt mit den Dingen in *dauernder Kryptogamie*. Er ist immer begeistert, immer verliebt, und darum immer weise. Durch den Dichter allein ist geistige Energie überhaupt erst auf der Welt. Er ist die geheimnisvolle Leydnerflasche, die anderen ihre Elektrizität erst freimacht: ein Kräfteentbinder, der andere zu sich selbst bringt.

Sie sind nichts Vollkommenes, diese Dichter, wir sagten es schon. Auch sie sind nur flackernde, suchende Irrlichter, ohnmächtige Träumer, Zwittergeburten aus Wunsch und Irrtum. Aber daß sie wahr sind, daß sie ganz sind, das wird aufgeschrieben und gebucht. Einer einmal ganz, einer einmal wahr: das Universum notiert es. Und dann: sie sind Kraftzentren, winzige, minimale; aber eben Kraftzentren. Energie geht nicht verloren im Weltall. Dieses Atom Kraft, Kraft zu wandeln, das in ihnen lebt: das ist; und ist vielleicht das einzige Stückchen Wirklichkeit auf dieser Welt, in der alles bloß vorgestellt und relativ ist. Es bleibt; und wird hinüberspringen von einer Milchstraße zur anderen.

Über tredition

Eigenes Buch veröffentlichen

tredition wurde 2006 in Hamburg gegründet und hat seither mehrere tausend Buchtitel veröffentlicht. Autoren veröffentlichen in wenigen leichten Schritten gedruckte Bücher, e-Books und audio-Books. tredition hat das Ziel, die beste und fairste Veröffentlichungsmöglichkeit für Autoren zu bieten.

tredition wurde mit der Erkenntnis gegründet, dass nur etwa jedes 200. bei Verlagen eingereichte Manuskript veröffentlicht wird. Dabei hat jedes Buch seinen Markt, also seine Leser. tredition sorgt dafür, dass für jedes Buch die Leserschaft auch erreicht wird.

Im einzigartigen Literatur-Netzwerk von tredition bieten zahlreiche Literatur-Partner (das sind Lektoren, Übersetzer, Hörbuchsprecher und Illustratoren) ihre Dienstleistung an, um Manuskripte zu verbessern oder die Vielfalt zu erhöhen. Autoren vereinbaren direkt mit den Literatur-Partnern die Konditionen ihrer Zusammenarbeit und partizipieren gemeinsam am Erfolg des Buches.

Das gesamte Verlagsprogramm von tredition ist bei allen stationären Buchhandlungen und Online-Buchhändlern wie z. B. Amazon erhältlich. e-Books stehen bei den führenden Online-Portalen (z. B. iBookstore von Apple oder Kindle von Amazon) zum Verkauf.

Einfach leicht ein Buch veröffentlichen: **www.tredition.de**

Eigene Buchreihe oder eigenen Verlag gründen

Seit 2009 bietet tredition sein Verlagskonzept auch als sogenanntes "White-Label" an. Das bedeutet, dass andere Unternehmen, Institutionen und Personen risikofrei und unkompliziert selbst zum Herausgeber von Büchern und Buchreihen unter eigener Marke werden können. tredition übernimmt dabei das komplette Herstellungs- und Distributionsrisiko.

Zahlreiche Zeitschriften-, Zeitungs- und Buchverlage, Universitäten, Forschungseinrichtungen u.v.m. nutzen diese Dienstleistung von tredition, um unter eigener Marke ohne Risiko Bücher zu verlegen.

Alle Informationen im Internet: **www.tredition.de/fuer-verlage**

tredition wurde mit mehreren Innovationspreisen ausgezeichnet, u. a. mit dem Webfuture Award und dem Innovationspreis der Buch Digitale.

tredition ist Mitglied im Börsenverein des Deutschen Buchhandels.

Dieses Werk elektronisch lesen

Dieses Werk ist Teil der Gutenberg-DE Edition DVD. Diese enthält das komplette Archiv des Projekt Gutenberg-DE. Die DVD ist im Internet erhältlich auf **http://gutenbergshop.abc.de**

Eigene Buchreihe oder eigenen Verlag gründen

Seit 2009 bietet tredition sein Verlagskonzept auch als sogenanntes "White-Label" an. Das bedeutet, dass andere Unternehmen, Institutionen und Personen risikofrei und unkompliziert selbst zum Herausgeber von Büchern und Buchreihen unter eigener Marke werden können. tredition übernimmt dabei das komplette Herstellungs- und Distributionsrisiko.

Zahlreiche Zeitschriften-, Zeitungs- und Buchverlage, Universitäten, Forschungseinrichtungen u.v.m. nutzen diese Dienstleistung von tredition, um unter eigener Marke ohne Risiko Bücher zu verlegen.

Alle Informationen im Internet: **www.tredition.de/fuer-verlage**

tredition wurde mit mehreren Innovationspreisen ausgezeichnet, u. a. mit dem Webfuture Award und dem Innovationspreis der Buch Digitale.

tredition ist Mitglied im Börsenverein des Deutschen Buchhandels.

Dieses Werk elektronisch lesen

Dieses Werk ist Teil der Gutenberg-DE Edition DVD. Diese enthält das komplette Archiv des Projekt Gutenberg-DE. Die DVD ist im Internet erhältlich auf **http://gutenbergshop.abc.de**